トヨタ流DXを支える

心理的安全性と仕事のスピードアップを実現する2つのカタ

若手に響く「ものの言いカタ」と「仕事の進めカタ」

藤原愼太郎 著

日科技連

推薦のことば
——あなたが「次の事例」になる——

本書を手にとったあなたは、ビジネス環境が激しく変化する中でも、多様な世代、多様な才能からなる組織やチームとともに、変革やDXを前に進めようと奮闘されているのだと思います。

トヨタ自動車で、さまざまな心理的安全性づくりの取組みをご一緒させていただいた、デジタル変革推進室担当部長の島田悟さん(本書第1〜2章のインタビュー協力者)も、そのようなリーダーのお一人でした。

自動車業界も「CASE時代[1)]」と呼ばれる劇的な技術革新の渦中にあります。あのトヨタが、これまでの成功を過去のものとし、クルマの未来を変えるため、変革に取り組んでいます。「幸せの量産」という使命のもと、モビリティ・カンパニーへの変革を志し、クルマを「社会インフラ」と位置づけ新しい価値を創造しようとしています。

このような変革を実現するのは、一人ひとりの「人」に他なりません。若い世代も含め、その一人ひとりの「人」が輝く土壌が、本書のテーマである「心理的安全性」です。DXにおいても、ITツールの導入(デジタル化)を超えて変革(Transformation with Digital)を志すのであれば、この土壌を整えることがむしろ近道です。トヨタ自動車では、DXできる組織文化の醸成に向け、さまざまな組織・チームがこの心理的安全性の高い組織風土づくりへ取り組んでいます。

---

1) CASE：ネットワークに繋がり情報を蓄積・活用する(Connected)、人間のドライバーだけでなく、AIが自動で運転する(Automated)、購買・所有だけではなく、自動車の共有やサービスとしての移動(Share/Service)、そしてガソリン車から電動化(Electrification)という大きな変化を指す。

トヨタのグループ会社でもそうです。私は、グループ会社の役員研修やグループ横串の部長・部格室長研修など、さまざまな変革のための組織開発のご相談を通じて、まずは自らを変え、そして組織・チームを変えようとしている、多くの「トヨタ人」とお会いしてきました。「子会社である自分たちが、トヨタに必要な NO を言う」という気概と覚悟をもって、よりよい未来を模索しようとする方すらもいらっしゃいました。

変革し未来をつくろうという誰もが、正解などない中で前に進もうとしています。上司が、役員が、親会社が、トヨタが答えをもっているわけではないのです。ちょうど本書の第 1～2 章で描かれたように、考え、工夫し、実行して、修正して、試しながら、もがきながら前に進もうとしているのです。

あなたも。正解やベスト・プラクティスを集め続けるのではなく、あなた自身がチームとともに行動を起こす必要があります。それは時に、間違いを謝罪する勇気や、来た道を戻る覚悟が必要です。変革はいつも、大変な仕事です。

けれども、朗報があります。あなたの手の中にある本書は、正解がない中でも前に進むための道標です。前に進みたいけれど「どうすれば…？」と迷っている、あなたのための本です。ぜひ、藤原慎太郎さんの「2 つのカタ」を、まずは自身の職場・業務に合わせて試すところから、始めていただきたいのです。

本書を片手に取り組むことで、気づけば「2 つのカタ」に習熟し、使いこなせるようになっているはず。そして、いつの日か、あなたの素晴らしい取組みを、「心理的安全性づくりと変革の好事例」として、社会へ還元していただけたらと思います。

2023 年 11 月

株式会社 ZENTech 代表取締役
『心理的安全性のつくりかた』著者
石井　遼介

はじめに

★悩めるマネージャーのみなさんへ：職場マネジメント状況をチェックしてみましょう！

- 自分が先輩に教えられたように部下を指導したつもりだったが、ハラスメントすれすれだといわれて困惑した。やりにくい世の中になった。(55歳、部長)
- 成果を求められて、部下も辛いとは思う。でも私(上司)だって上位の役職者から成果を求められていて辛いんだ。いつも独りぼっちに感じる。(40歳、課長)
- 今までの会社の常識が、Z世代や国籍がさまざまなメンバーにはなかなか通じない。よかれと思って自ら動くと逆に空回りしてしまっている。(47歳、係長)
- 職場組織としての成果を挙げつつ、メンバー全員が幸せに気持ちよく働けるようにしたいんです。でもどうしたらいいのか。(30歳、チームリーダー)

最近、このようなご相談を現職マネージャーの皆さんから、本当に多くいただきます。今、わたしは、名古屋工業大学で学生に仕事の仕方を教えるかたわら、「日本を元気にしたい」という想いから数々の企業様でマネジメント系の講演や研修を実施させていただいているのですが、どこの企業様という話ではなく、日本全国から上記のようなマネージャーの悲痛な叫びを聞いています。

最近では、トヨタグループの会社様や関係会社様をはじめ、製造業以外にも放送関係など、幅広い範囲でお役に立てるよう活動をしているのですが、2022年7月、20年ぶりに再会したのが、昔の仕事仲間であったトヨタ自動車の島田さんでした。聞いてみると、島田さんからも、「今、デジタル変革推進の職場基盤づくりのため、心理的安全性の高い職場をつくろうと活動しているが、正直マダマダだなあと猛省する毎日。職場上司は本当に疲弊している。何とかしてあげたい」と悩みごとをいただきました。わたしも、島田さんの想いにぜひ応えたいと思いました。そうです。この再会がまさにこの本の原点なのです。

その後、島田さんと一緒に悩みながら練り上げたのが、本書の「ものの言いカタ」と「仕事の進めカタ」です。悩めるマネージャーのみなさんのお役に立つことができるよう、「簡単導入、即効効果」、しかも、「DX や Z 世代にもぴったり」という「2 つのカタ」をつくりました。ぜひ、職場でお試しいただき、「メンバーの幸せ・職場の心理的安全性」と「職場組織としての成果」との両立にわたしたちと一緒にチャレンジしていただけるとうれしく思います。

加えて、本書では、わたしが講演や研修をする際に非常に多く質問を受ける 2 つの項目、

① DX と心理的安全性って関係あるの？

② トヨタ自動車での DX や心理的安全性の取組みを教えてほしい。

についても、トヨタ自動車デジタル変革推進室のみなさんへのインタビューを通じ、解説をしていきます。

豊田章男氏の社長在籍 14 年の間に大きく変わったトヨタ自動車。その中で、自主的なチャレンジをし続ける職場の姿もお伝えしたいと考えています。

ここで、本書をより効果的にご活用いただくために、まずは、**図 1** のチェックリストに「○」を付けていただきたいと思います。結果が良好であれば、本書は必要ないかも知れません。でも、「○」が 3 つ以上だとウルトラ戦士で例えるとカラータイマーが赤色点滅しています。本書が大いに役立つはずです。

ちなみに、本書は、トヨタ自動車でのわたしの講演、「心理的安全性についての特別講座」(2023 年 2〜3 月実施、全 2 回)での内容をベースにしています。現在、心理的安全性に関しては、「日常の言葉をよりよい表現に変えていきましょう」といったコミュニケーション中心の情報がほとんどです。「ものの言

職場マネジメントチェックリスト
(○が 3 以上だと赤色点滅)

【　】日曜日の午後くらいから、何となく心がどんよりしてくる。
【　】「なぜできなかったの？」と、メンバーに投げかけたことがある。
【　】今日、職場で、メンバーに「ありがとう」を一度も言わなかった。
【　】今日、他部署のメンバーと一言も話さなかった。
【　】「チャレンジ」という言葉に青臭さや面倒くささを感じる。
【　】「昔はこうではなかったのに…」という言葉を飲み込んだことがある。
【　】ハラスメントをしないように言うべきことを指摘しないことがあった。
【　】メンバーに自分の恥ずかしい面をオープンにしていない。
【　】自分の意見と違うことを言うメンバーに腹が立つ。
【　】仕事でのオンラインチャットで、「♥」でリアクションしたことがない。

○の数　　合計　　個

3つ以上(カラータイマー赤色点滅中)
⇒　一緒に、「2つのカタ」の世界へ飛び立ちましょう。
(カラータイマーが点滅中のウルトラ戦士のように力強く)

図1　職場マネジメントチェックリスト

いカタ」、「仕事の進めカタ」という具体的な職場実践ツールの提案まで踏み込んでいる本書は、かなり珍しいかもしれません。しかしながら、「職場コミュニケーションと実際の業務遂行は、会社生活の両輪」です。しかも、この「2つのカタ」は、すでにトヨタグループをはじめ、いくつかの会社で導入済です。現時点で「部下の指導が楽になった」、「企画が通りやすくなった」などすでに効果が出ている職場も数多くあります。効果確認の段階はすでに終了しています。あとは、みなさんが「やるか、やらないか」だけなのです。その第一歩を安心して踏み出し、一緒に歩んでいけるよう、今から本書で説明していきます。

末筆になりますが、本書の執筆にあたり、ご協力をいただきましたみなさまへ改めて感謝申し上げます。

取材協力だけでなく教材やツール開発にもご一緒いただいたトヨタ自動車株式会社の島田さん、長谷部さん、古谷さん、安藤さん、伊藤さん、山口さん、渡辺さん、下村さん。ステキな挿絵イラストを描いてくださった、同じくトヨタ自動車株式会社の中橋さん。心理的安全性の取組みにおいて強力な後押しをいただいている、株式会社ZENTechの石井さん。ツール開発や研修企画に精力的にご協力いただいた、林テレンプ株式会社の中川さん、稲村さん。「ものの言いカタ」の開発に多大なご協力をいただいた名古屋工業大学創造工学教育課程(2022年度卒業)のさちかさん、コラム執筆に快くご協力いただいた、同じく名古屋工業大学創造工学教育課程のちささん、りのさん、名古屋工業大学女子バレーボール部のゆみさん、わかさん、はるひさん。本書の企画をプロデュースいただき、数々のアイデアをいただいた日科技連出版社の鈴木さん、石田さん。

みなさんの誰一人が欠けていても、本書を執筆することができませんでした。本当にありがとうございました。

2023年11月

名古屋工業大学創造工学教育推進センター

特任教授　藤原　愼太郎

目　次

藤原教授のひと休みコラム

本文イラスト　@tadasy

本書の**第4章・第5章**で解説している「仕事の進めカタ」ツールを、日科技連出版社のホームページからダウンロードできますので、活用してください。また、一部、実際の事例で記入されたものも収録しています。参考にしてください。

ダウンロードできるツールは、下記を準備してあります。

- 本書で収録しているツールの元データ(実際の帳票から、記入・メモ欄を省略・縮小しているものもあります)
- 記入・メモをしやすく加工した各ツールのデータ(加工可能なもののみ収録しています)

日科技連出版社ホームページ
https://www.juse-p.co.jp/
ID：juse-kata2023
パスワード：katirenB

注意事項

- 上記の方法でうまくいかない場合は、reader@juse-p.co.jp までご連絡ください。
- 著者および出版社のいずれも、ダウンロードデータを利用した際に生じた損害についての責任、サポート義務を負うものではありません。

第 1 章

DX に心理的安全性が必要なのか？

@tadasy

本章では、「2 つのカタ」の説明に入る前に、「心理的安全性とは何か」という概要と、「トヨタの DX の取組みの概要」、「なぜ、トヨタの DX を進めていくうえで心理的安全性が必要なのか」という点についてお伝えします。

1.1　心理的安全性があると何がいいのか

(1)　心理的安全性とは

まず、心理的安全性とは何かについては、

「組織やチーム全体の成果に向けた、率直な意見、素朴な疑問、そして違和感の指摘が、いつでも、誰もが気兼ねなく言えること」(石井遼介：『心理的安全性のつくり方』、日本能率協会マネジメントセンター、2020年)

という説明がわかりやすいと思います。この心理的安全性という言葉が誕生したのは1965年のことですが、世界的に有名になったのは、米グーグル社の「プロジェクト・アリストテレス」です。2012年から始まったこのプロジェクトは、約4年間の調査・分析を経て、「離職率が低く、収益性が高いチーム」の特徴を結論づけました。それは、以下の5つだったのですが、上から重要な順番に並んでいるとレポートされたことから、心理的安全性が、一躍、世の中で注目を集めることになりました。

①　心理的安全性(Psychological safety)
②　信頼性(Dependability)
③　構造と明瞭さ(Structure & clarity)
④　仕事の意味(Meaning of work)
⑤　インパクト(Impact of work)

(https://rework.withgoogle.com/より)

また、心理的安全性は、「組織やチームの学習・成長と未来のパフォーマンスの先行指標」ととらえると理解しやすいともいわれており、最近では、大きく2つの切り口で注目されています。1つは「組織活性化」の面、もう1つは「コンプライアンス(法令順守)」の面です。特に、「組織活性化」の面では、挑戦を加速したり、イノベーションを促進したり、ダイバーシティを成果に結びつけたりするためになくてはならない不可欠な存在と位置づけられています。

(2)　めざすは、「心理的安全性の高さ×仕事基準の高さ」

「心理的安全性」という言葉ですが、よく「ヌルい職場」と誤解する方がいます。この「ヌルい職場」とは、「仕事をしなくても安全」、「頑張らなくても安全」といった意識が蔓延したあまり活性化していない職場のことをいいます。もちろん、トヨタがめざしているのは、このような「ヌルい職場」ではありません。一言でいうと、「学習する職場」です。この「学習する職場」とは、高い基準と高い心理的安全性を実現している職場のことを指します。こうした考え方は、ハーバードビジネススクール名誉教授のクリス・アージリス氏とマサチューセッツ工科大学教授のドナルド・ショーン氏が1970年代後半に提唱した「学習する組織」という概念を、ピーター・M・センゲ氏が1990年に『最強組織の法則』(*The Fifth Discipline*)という本で紹介したものです。「学習する職場(組織)」とは、さまざまな健全な衝突と個々人が高いパフォーマンスを発揮し、共通の目標に向かって学習して成長する職場(組織)のことで、「心理的安全性の高さ×仕事基準の高さ」が成立している姿です(**図1.1**)。

出典)　株式会社ZENTech：「心理的安全性講演資料」、2023年。

図1.1　心理的安全性と仕事の基準

1.2　トヨタがめざすデジタル化とは

(1)「トヨタらしい」デジタル化をめざして〜未来への取組み

わたしは(名古屋工業大学に勤務する以前、トヨタ自動車に在籍しておりましたので)、豊田章男氏が社長を務めた14年間で、トヨタが大きく変わったと感じていました。デジタル化についても、その取組み方が大きく変化してきたと思っています。

トヨタがめざしているデジタル化について、トヨタ自動車デジタル変革推進室の島田さんは次のように話します。

「今、自動車業界は、「100年に一度の大変革期」の最中にあります。トヨタ自動車では、自動車をつくる会社からモビリティカンパニーへのビジネスモデル転換をめざして全社一丸となった取組みを進めていますが、大きな転機になったのは、2009年の豊田章男会長の社長就任でした。当時はリーマンショックの波が世界各国に押し寄せていて、トヨタの前年度営業利益は創業以来最悪の4,610億円の赤字という状況でした。こうした企業存亡の危機的状態の中で、豊田章男会長(当時社長)が「もっといいクルマをつくろう」と言い続け、14年にわたって「トヨタらしさ」を取り戻すための改革を続けてきたからこそ、今のトヨタがあると思っています。わたしの所属している「デジタル変革推進室(会社直轄の組織)」も、こうした一連の改革の中で2021年1月に組織化されました。」

実際に、2021年3月の労使協議会では、章男氏(当時社長)は「今でも、トヨタの中には、「情報を持っている人が偉い」という風潮があり、「情報が共有されず、一部の人だけのものになっている」のが実態だと思います。100年に一度の大変革の時代、「生きるか死ぬか」の闘いをしている中で、この状況は致命的です。」とトヨタの課題を真正面から受け止め、「デジタル化を進めることによって、情報格差をなくし、トヨタのみならず、550万人の仲間が、同じ方向を向いて、仕事に打ち込める環境を整備したい。」と従業員に対して、デジタル化に対しての強い想いを語っています。

実際に、トヨタ自動車では、本当に多種多様で膨大なデータを取り扱っています。社内では、「お客様(者)のデータ」、「車のデータ」、「会社のデータ」を合わせて、「者車社(しゃ・しゃ・しゃ)データ」と呼ばれていますが、これらのデータを統合して、新しい付加価値を生み出し、人と社会の幸せを作っていくことが、デジタル変革推進室のミッションとなっています。島田さんも、「デジタルは手段のうちの一つでしかなく、お客様と従業員にとってのいわゆる「幸せの量産」を最優先に考えています。」と述べています。

(2)　「幸せの量産」に向けて

「幸せの量産」に関して、章男氏は、2021年の株主総会でこのように発言しています。

「昨年まとめたトヨタフィロソフィーでも、私たちの使命を「幸せの量産」と定義しました。幸せは、人によっていろいろな形があると思います。「幸せの量産」とは、決して同じものを大量生産するという意味ではありません。多様化に向き合い、多品種少量を量産にもっていく、これこそが私たちが目指している「幸せの量産」だと思います。」

この発言の中にある「トヨタフィロソフィー」とは、2020年に、大変革の時代を生きる37万人(当時)の従業員と家族、そして、これからのトヨタを支える次世代のために、トヨタのミッション(果たすべき使命)とビジョン(実現したい未来)を定義したものです(**図1.2**)。

このトヨタフィロソフィーを図で表現したのが「トヨタフィロソフィーコーン」(図1.2右)で、左の円錐(61年以上前に、トヨタ自動車創業者の豊田喜一郎氏が亡くなった後、たすきを受けた経営陣によってまとめられたもの)をベースに、新しいミッション、ビジョンが書き加えられたものです。章男氏が言うように、「トヨタらしさを議論していくこと。そして、環境変化に向け、自分たちを見直していくための道具」であり、これからのトヨタの「羅針盤」ともいうべきものです。

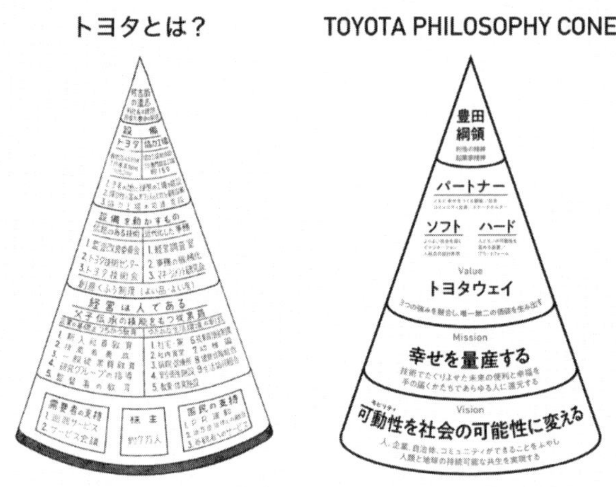

図 1.2　トヨタとは？(左) とトヨタフィロソフィーコーン (右)

このトヨタフィロソフィーの中で、「幸せの量産」という言葉は、ミッション(果たすべき使命) として位置づけられています。トヨタが創業以来、本当につくりたかったもの。それは、「商品を使うお客様の幸せ、その仕事に関わるすべての人の幸せ、そして、根柢の想いである「幸せを量産する」こと」なのです。

章男氏の「幸せは、人によっていろいろな形があると思います。」という発言にもあるように、一言で「幸せ」といっても、その内容は人それぞれかもしれません。また、同じ人であってもタイミングごとに異なったり、タイミングが悪ければ逆効果のときもあったりしてつかみどころが難しい面もあります。ただ、わたしたちが「幸せ」を感じるときは、なんとなく心が満ち足りているような気持ちになっている実感があるのも確かです。島田さんは語ります。
「今、トヨタは、一人ひとりの「心が満ち足りる」ような体験をたくさんつくり出していくことを大切に考えています。そして、このような「幸せの量産」に向けて、お客様や従業員「毎(ごと)」に、最適なタイミング「毎(ごと)」に、リアルタイムによい「体験(コト)」をたくさん提供していくことができるよう、真正面からの取組みを進めています。こうした「毎、毎、コト」をわたしたちは略して「GGK」と呼んで、社内浸透に努めています。」

(3) トヨタのデジタル化とは

トヨタのデジタル化とは、「次の100年間、産業報国を続けていくための会社変革」をめざす取組みでもあります。「産業報国」というのは、少し古めかしい印象を受ける方がいらっしゃるかもしれませんが、トヨタのDNAである「豊田綱領」の中にある言葉です(**図1.3**)。「豊田綱領」とは、トヨタグループの始祖である豊田佐吉氏の精神を、トヨタ自動車の創業者である豊田喜一郎氏が中心となって整理、明文化したものです(佐吉氏の5回目の命日にあたる1935年10月30日発表)。

この豊田綱領の1つめの項目にある「産業報国」について、章男氏は次のように社員にメッセージを送っています。「(全員が共有すべき価値観として、)まず、『産業報国』の精神はあるか。自分のため、会社のためということを超えて、『お国のため、社会のため』となれているかどうか。」、「トヨタで働く一人ひとりの言動に、『お国のため、社会のため』という大義を感じた時、周囲の

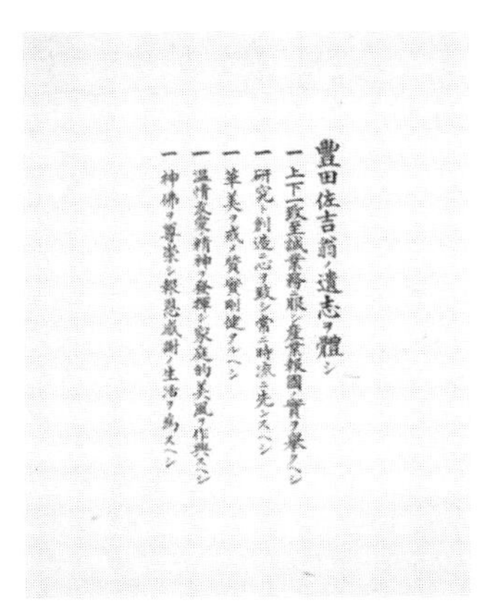
豊田佐吉翁ノ遺志ヲ體シ
一 上下一致至誠業務ニ服シ産業報國ノ實ヲ擧クヘシ
一 研究ト創造ニ心ヲ致シ常ニ時流ニ先ンスヘシ
一 華美ヲ戒メ質實剛健タルヘシ
一 温情友愛ノ精神ヲ發揮シ家庭的美風ヲ作興スヘシ
一 神佛ヲ尊崇シ報恩感謝ノ生活ヲ爲スヘシ

一、上下一致、至誠業務に服し、
　産業報国の実を挙ぐべし

一、研究と創造に心を致し、
　常に時流に先んずべし

一、華美を戒め、質実剛健たるべし

一、温情友愛の精神を発揮し、
　家庭的美風を作興すべし

一、神仏を尊崇し、
　報恩感謝の生活を為すべし

図1.3 豊田綱領

方々は、その人を、そしてトヨタを、『応援しよう』と思ってくれるのだと思う。トヨタで働く一人ひとりが、どこまで『自分』や『会社』の利益を超えられるか。応援されるトヨタ、愛されるトヨタになれるかどうかは、この一点にかかっている(2019年労使協議会)」と。

トヨタは、このように、次の100年も「産業報国」を続けていくため、デジタル技術を駆使して、「よいモノを提供するだけでなく、お客様一人ひとりに期待を超える良い体験を提供する会社」への変革をめざしているのです。より具体的な取組みを教えてほしいというわたしの質問に対して、島田さんは、「それは世間でいうところの「トランスフォーメーション with デジタル」です。あわせて、こうした改革と同時進行で、わたしたちの成功体験に凝り固まった企業文化や風土、働き方を変えていく活動にも力を入れています。わたしが取り組んでいる心理的安全性向上活動もその中のひとつです。また、デジタライゼーション(デジタルを活用した、全工程横断での既存プロセスの抜本的見直し)やデジタイゼーション(デジタルを活用した既存業務の効率性向上)も同時並行で進めており、これら3つをすべて合わせたものを「トヨタのデジタル化」と呼んでいます(**図1.4**)。」と答えてくれています。

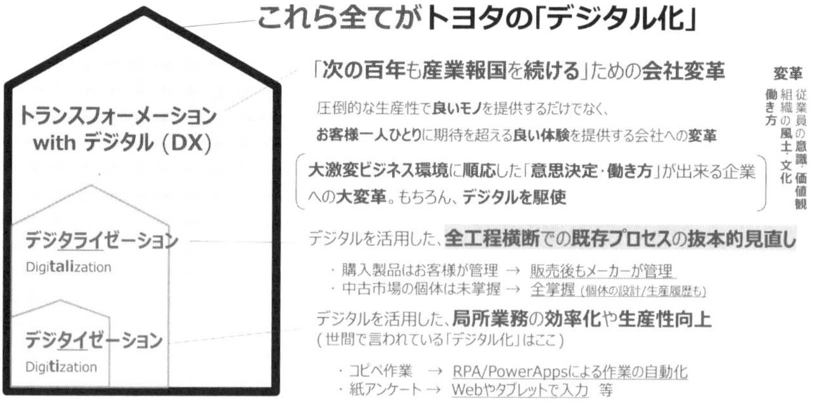

図1.4　トヨタのデジタル化とは

(4)　トヨタのDXジャーニー（人財、働き方、基盤、顧客体験）

トヨタのデジタル化について、今後の具体的な道筋を描いたものが、この「DXジャーニー」です。より感動的な「お客様体験」や「従業員体験」の提供をめざし、「人財」、「働き方」、「基盤」、「顧客体験」といった4つのカテゴリーに分けて、取組みが行われています。こうした活動は、各職場が主体的に活動したり、全社横断チームで検討したり、職場ごとにDXリーダーを任命してアジャイルな進め方を牽引する、といった、さまざまなかたちを取りながら、全社規模で展開されています。

そして、このDXジャーニーを進めるうえでの基盤になるのが、心理的安全性をはじめとする「職場風土や働き方」です。図で表現すると、「道路」がこれにあたります。クルマや人がより快適になめらかに移動ができるよう、舗装をしたり、車道と歩道を分けたり、ときにはガタガタ道に戻したり……、といった感じで、職場やメンバーの視点での取組みが進められています(**図1.5**)。

トヨタのデジタル化について、いろいろと取組みを説明してきましたが、島田さんは現状についてこう語ります。「ツールやデジタルのインフラ環境は確実に整いつつあり、各現場での改善は当たり前のように進むようになって来て

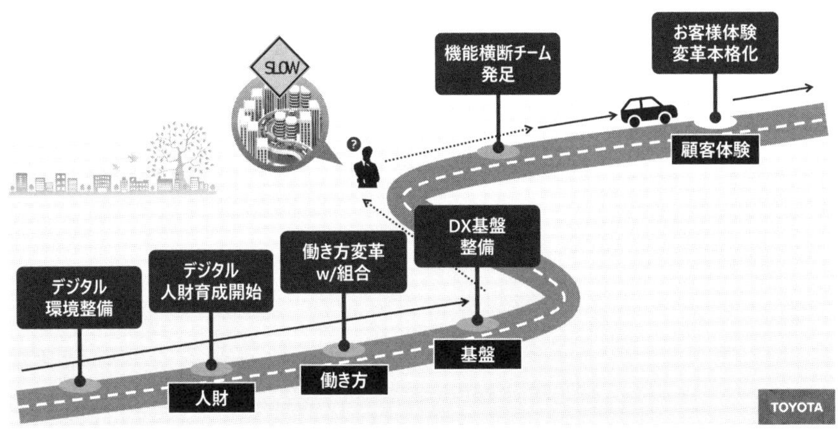

図1.5　トヨタのDXジャーニー

いると思います。ただ一方で、DXのXの部分、つまり仕事のやり方を抜本的に変えていくことができているのかというと、残念ながらまだまだな状況だと言わざるを得ません。もっと工程横断的で、もっとメンバー同志が自発的につながっていけるような仕事の進め方に変えていかないといけません。そのためにやはり必要となってくるのが、心理的安全性向上の取組みだと再認識しています。「部署間の壁を超えて、本音で対話し合える」ことが、空気の存在のように普通に感じられる、そんな企業風土をめざしています。」

1.3　トヨタのデジタル化には、心理的安全性が不可欠

デジタル化のことを中心に説明をしてきましたが、もう少し大きな視点で見てみると、トヨタ自動車がめざしているのは「それぞれの地域で必要とされる存在、いわゆる「この町いちばん」の存在でありたい」という考え方です。2017年のグローバル会社方針説明会の場で章男氏はこのように語っています。「グローバルや世界一ではなく、「町いちばん」。私たちがお世話になっている町で、いちばん信頼され、いちばん愛される会社を目指す。お世話になっている町の人々の笑顔のために仕事をするという考え方です。(中略)私流に言うと、「ギブ アンド ギブ」ということかもしれません。「ギブ アンド テイク」ではなく、「ギブ アンド ギブ」。見返りや利益など期待せず、常に感謝の気持ちで、純粋に相手のためになると思われることをやってみる。その繰り返しが、信頼となり、お互いの成長や発展につながっていく。そして、「町いちばん」のトヨタにつながっていくのだと思います。」

また、章男氏は、社長として最後の出席となった23年株主総会でこのようにも語っています。「私にとっての敵は、「トヨタらしさ」を忘れてしまった企業風土であり、守ろうとしたものは、「モノづくりの現場」と「トヨタの未来」だったと思います。そして、「しんがり社長」の私が遺せたものがあるとすれば、それは、未来を担う「人」だと思います。「あなたは何屋さんですか？」そう聞かれたときに「クルマ屋です」と胸を張って言える「人」だと思いま

す。」、「私が経営のタスキを託した佐藤社長は、グローバルトヨタ37万人とその仲間に対し、こう呼びかけております。「クルマの未来を変えていこう」。今のトヨタに、この言葉を笑う人は誰もいません。佐藤社長を見つめる眼差し、ひと言たりとも聞き漏らすまいとする姿勢。トヨタの仲間の姿からは「やりましょうよ！」という声が聞こえてくるようでした。そこにいる全員がクルマ屋でした。私には、それが何よりもうれしかったのです。グローバルトヨタ37万人が私に示してくれたこと。それは「自分と未来は変えられる」ということです。」

このような章男氏のコメントには、トヨタらしさを取り戻す14年間の社内改革の結果、「クルマ屋」といえる人財が育ってきており、「クルマの未来を変えていくことができる体制」がやっと整い始めてきたという想いがあふれていると思います。過去の負の遺産の償却を終え、未来へのスタート地点にやっと立てたトヨタ自動車。「モビリティカンパニーへの変革」に全力を尽くしていくチャレンジングでエキサイティングな会社になっていくことを期待しています。

一方で、今後の自動車業界を取り巻くビジネス環境は、変化が非常に激しく、「正解がない」、「正解があってもすぐに陳腐化してしまう」時代ともいわれています。こうした急激な変化の中で、デジタルを手段としつつ、グローバルな競争を戦っていくには、これまでの「上司が方針を決めて、メンバーが指示で動く」というやり方では到底勝ち目はありません。やはり、メンバー全員の専門知識・スキルを最大限発揮する「全員活躍」の仕組みづくりが必要となってきます。

そのためには、例えば、ソフトウェア開発だけではなく、ハードウェアの世界でも、「アジャイルな働き方」へのトライアルが非常に重要となります。この「アジャイルな働き方」とは、小さなPDCAサイクルを高速回転で何度も回しながら、メンバー全員の能力を最大限引き出しつつ、最終プロダクトに近づけていくことで、例えば、4～6カ月単位でプロダクトを開発したらすぐにユーザーに提供し、改良が必要な箇所があればさらにアジャイルに高速回転で改良していくといったイメージです。キーワードは、「早く失敗する」、「失敗を許容する」、「失敗から学ぶ」。めざしているのは、ベンチャー企業的な、スピード感のある「ワクドキ」なワークスタイルの実現です。

こう考えてくると、「上司を含めたメンバー間での健全な対話ができるかどうか」という点が非常に重要になってきます。このため、トヨタでは、「心理的安全性」の中でも、特に、チームの「話しやすさ、助け合い、挑戦、新奇歓迎」といった要素を特に重視し、職場ごとにカスタマイズした形で取組みを進めていこうとしているのです。

【藤原教授のひと休みコラム1】

大学でも「仕事の進めカタ」が役立った

◆名古屋工業大学の新しい取組みと私の役割

名古屋工業大学では、2016 年 4 月に創造工学教育課程が設立され、新しい価値をもつ新たな商品やサービスの開発によってイノベーションに貢献できる人財を育てています。幅広い視野をもち、工学センスと実践力を磨く学部・大学院 6 年一貫コースとなっていることが特徴です。

わたしはトヨタ自動車時代に仕事の仕方やマネジメントの研修などを経験していたこともあり、トヨタ流の問題解決や価値創造、プロジェクトや研究の進め方などの授業を担当しています。

◆大学に来て思ったこと

その中で、**第 4 章・第 5 章**で解説する「仕事の進めカタ」を学生時代に身につけてもらうことが社会人としての活躍に大変有効ではないかと思うようになりました。多くの企業で新入社員教育として問題解決、論理的思考法、コミュニケーションなどのプログラムがありますが、もしこれらの教育内容について大学生活を通して学ぶことができれば、新入社員のみならず上司や先輩も楽ができるのはと考えました。

◆大学でも役立つ「仕事の進めカタ」

学生からの相談を受けながら、大学の研究プロセスは企業の技術開発プロセスと共通点が大変多いことに気づきました。そこで仕事の進めカタのツールの一つである「プロジェクト・業務企画メモ」を改良した「研究計画検討メモ」を作成し、いくつかの研究室で活用いただいております。まずは学生が自分の研究について考えをまとめ、学生同士で議論することでお互いに学び合うことができ、研究室の先生からは「指導も楽ちん」という評価を頂戴しております。

こういった大学版「仕事の進めカタ」を使うことで、研究をスムーズに進めるとともに先生の負担も軽減できるのではないかと考えております。また、部活動・サークル活動や学生団体ではイベントを実施することが多く、ここでも「仕事の進めカタ」が活用できます。学生による活用事例は別のコラムで紹介します。

第2章

トヨタでの「DX ×心理的安全性」の取組み

@tadasy

本章では、トヨタでの「DX ×心理的安全性」の具体的な取組み内容についてお伝えしたいと思います。

この取組みの面白さは、大きな組織でありながら職場メンバー中心の「草の根活動」を徹底していることです。「メンバー一人ひとりの想いを信じて、それぞれの自発的な気持ちを大切にしている」のが大きな特長です。「現状は、まだまだ道半ばの状態」と島田さんは言いますが、それでもじわじわと取組みが拡がりつつあります。

2.1 「心理的安全性向上の取組み」の背景

(1) 2021年12月の職場状況

実は、心理的安全性の取組みを加速していくきっかけになったのは、当時の職場状況を示している1枚のスライドでした(**図 2.1**)。このスライドは、社内ではDXリーダーと呼んでいる「デジタル化の職場責任者」へのヒヤリング結果をまとめたものです。トヨタのデジタル化の取組みが本格化してから、約1年が経過した時点の調査結果でしたが、ポイントは2点でした。

まず、「①この1年で、職場のデジタル化は進んだものの、情報格差の解消については進捗はまだまだ」という点です。これは、職場単位で見ていくと、デジタルツールやソフトウェアの導入は進んだものの、オープンな情報共有や横の連携・議論がなかなか進んでいないということを示しています。

次に、「②3年後を見据えると、人事制度(職場風土)や人材育成の課題が多い」という結果です。ただ、生の声をよく聞いてみると、職場風土の課題がかなりの部分を占めていました。例えば、「若手はデジタル化を進めたいと思っ

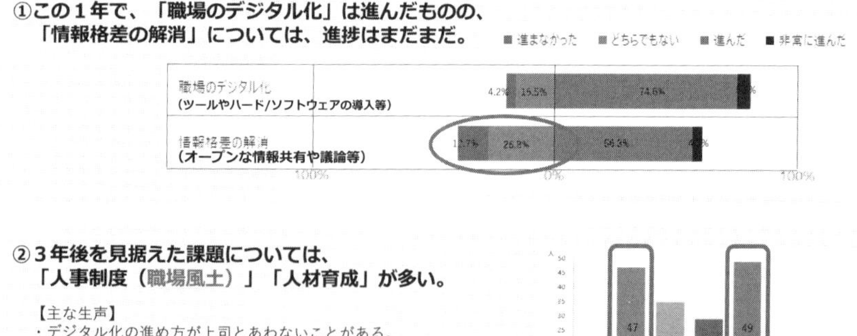

図 2.1 「心理的安全性同上の取組み」以前のトヨタの現状(DXリーダー71人の声)

ているが、上司が変わってくれない」、「変化を求めないメンバーが多すぎる」、「自分自身で行動できなくなっているメンバーもまだまだ多い」が代表例です。

(2) マネジメント層とメンバー層の意識の大きなギャップ

加えて、社内の従業員満足度調査では、心理的安全性関係の項目(本音でものが言いやすいか、助けを求めやすいか、意見を言いやすいか)について、マネジメント層の肯定回答率とメンバー層のそれとの間で、大きなギャップがある状態がここ数年続いていました。また、ヒヤリング結果でも、「部下が何を考えているのかがわからないときがある」、「上司との価値観、意図、熱意、ニーズのギャップを解消する方法を知りたい」などの声が多く挙がっていました。

一方で、2022年の労使協議会では、デジタル化をテーマとして労使で話し合いが行われ、複数の役員から、「心理的安全性が低いと言われるトヨタ」、「自分自身が正しいとは限らないということを意識しておくことが大事」、「心の通う気持ちよいコミュニケーションを追求したい」、「全員が自由に意見を交わせる風土づくりが必要」といった発言がありました。特に、豊田章男氏(当時社長)からは、「(今回のデジタル化の議論では、)問題点をみんなで正直に共有し、自分たちの現在地を確認することができたと思う。少し時間がかかっても、「働き方そのものを変える」デジタル化に取り組んでほしいと思います」とのコメントがあり、以後、労使で取り組む大きな柱のうちのひとつとなっていきます。

(3) 心理的安全性向上の取組みをギアチェンジ

こうした状況の中、2022年6月、デジタル変革推進室の島田さんを中心とした有志メンバー22名で「心理的安全性検討チーム」が結成されました。これまでも数回のイベントなど、心理的安全性向上の活動をしていたのですが、ここで一段ギアを上げたイメージです。会社の正式な組織ではなく、バーチャルな集まりだったこともあり、会社の組織表にも電話帳にも載っていません。しかしながら、この22名のメンバーが自らの意志で集結したことで、野田稔教授(明治大学大学院)や石井遼介先生(ZENTech)といった社外有識者のみなさんと共鳴し、取組みが加速し始めます。

2.2　第1ステージ(2022年6月～2023年3月)

(1)　心理的安全性検討チームの基本方針

心理的安全性検討チームが、ワイワイガヤガヤと打合せを繰り返した結果、次の3つの方向性が決定されました。

①　自律性とメンバー目線を大切にする
②　日本の笑顔を増やす
③　情報をオープンにする

まずは、「①自律性とメンバー目線を大切にする」ですが、これは、「自ら、取り組みたいと手を挙げてくれているメンバーや職場」に対して、最大限のサポートをしていくということです。あわせて、できるかぎり強制感を排除して、「メンバー目線」を外さないことも確認しています。

次に、「②日本の笑顔を増やす」については、社内だけの活動に止まらず、トヨタグループ、自動車業界、日本全体、さらには未来のこどもたちの「笑顔」が少しでも増えるような活動に育てていきたいという検討チームメンバーの強い想いが感じとれます。

最後の「③情報をオープンにする」は、将来的に、トヨタの心理的安全性についての動画やツールなどを日本全国のみなさんにも使っていただけるよう、情報をオープンソース化していき、少しでも、上記②の「日本の笑顔」を増やしていきたいという内容です。

島田さんはこのときのことを回想し、「この中でも最もこだわったのは、「①自律性とメンバー目線を大切にする」です。これは、「自分の職場は、自分たちで変える。外から強制されてしまうと、せっかく取組みを始めてもすぐにスピードダウンしてしまう。」という気持ちの表れとなっています。そして、もし取組みが順調に進んでいったときの「ステキな未来」も、上記②と③に盛り込みました。これは、「未来の子供たちの笑顔につながる取組みにしていきたい」というメンバーのみなさんの気持ちが反映されたものです。」と語っています。

(2)　まずは、心理的安全性に触れてもらう

前述の「基本方針」を受けて、2022年6月から具体的な取組みが開始されました。まず第1歩目としては、「職場メンバーに心理的安全性に触れてもらう」という取組みです。このころは、心理的安全性という言葉の社内での知名度はまだまだ低く、「心理的安全性って、わがままを言っても大丈夫ってこと？」という質問を島田さんは何度も受けたそうです。第1ステージの取組みをまとめたのが**図2.2**です。「職場メンバーの目に触れる機会を増やすこと」に主眼を置き、社内イベントなどを数多く開催しているのがよくわかります。

この第1ステージでは、職場サポートの対象別に、「職場メンバー・マネージャー」と「部・本部・カンパニー単位」で大きく2つに分かれています。これは、よりスピード感ある展開をしていくため、すでにその組織の担当役員や

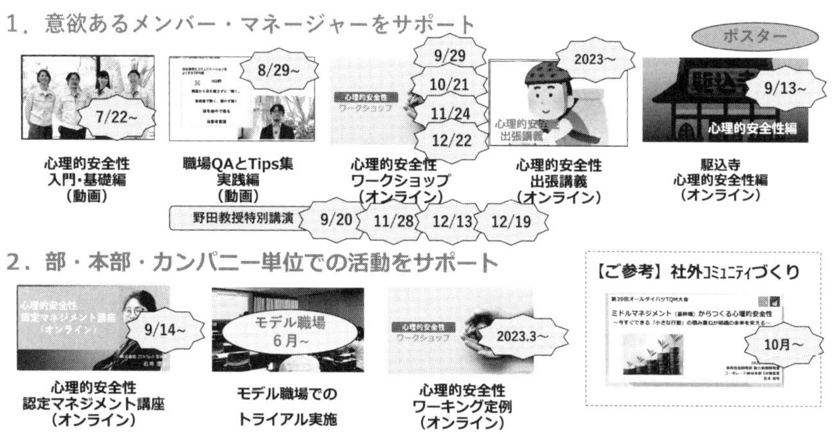

図2.2　第1ステージの主な取組み

部長などが取組みの意思決定をしてくれている場合には、特別な「心理的安全性リーダー養成研修」を準備して、その活動を手厚くサポートしていこう、という考え方に基づいたものです。

(3)　意欲あるメンバー・マネージャーをサポートする仕組み

取組み内容としては、大きく7つに分かれています。心理的安全性を基礎から学ぶことができる動画、より生々しい事例を解説した8本の実践動画、ワークショップ、出張講義、個別相談ができる駆け込み寺、社内オンラインイベント、その他社内開発ツール、ポスター、昭和CM風動画など、さまざまな取組みを進めています(**表2.1**)。

図2.3～図2.6に、表2.1で示した活動で作成したものを紹介します。なお、「お道具箱」とは、心理的安全性の理解/実践/周知を助けるツールをまとめた心理的安全性の情報ボックスです。現在、58個のアイテム(表2.3の右端欄に「○」があるもの)があり、「したいこと別」の推奨ツールやおすすめのプログラム案も記載しています。また、「リアル・心安ドロップス」は，アメの色ごとに想いを込めています。心理的安全性の4因子は(話しやすさ⇒緑、助け合い⇒黄、挑戦⇒赤、新奇歓迎⇒紫)、高い目標(⇒白)ですが、この5色の他に「まだ意味付けをしていない3色のアメ」があり、この3色については、職場やメンバーで自由に決めることができるようになっています(図2.6)。

実は、本書のきっかけとなったのが、この**図2.7**の「筆者の特別講座」です。トヨタでは、現在も社内イントラでイベント動画をいつでも見ることができる

図2.3　お道具箱

図2.4　かわや版(トイレ用ポスター)

表2.1 意欲あるメンバー・マネージャーをサポートする取組み

取組み内容	具体的内容	社内展開	お道具箱
心理的安全性入門・基礎講座	心理的安全性の入門講座。ZENTech 石井先生が初めての人向けに解説。動画 95 分。	視聴OK	○
心理的安全性実践編	入門講座での質問を ZENTech 石井先生が解説。動画 10 分×全 8 種類。	視聴OK	○
心理的安全性ワークショップ	職場メンバーの悩みごとを ZENTech 原田将嗣先生と一緒に考えるイベント。全 4 回。	視聴OK	○
心理的安全性出張講義	職場の依頼があったときに、その職場にカスタマイズした研修をお届けする講師派遣。	—	—
駆け込み寺心理的安全性編	デジタル化の相談場所。心理的安全性の相談も OK。定期イベントを実施。60 分/回。	要約掲載	—
デジタルまるしぇ(社内オンラインイベント)	野田稔教授シリーズ全 4 回。「心理的安全性〜その先へ」、「イマドキ世代の上司像」他。	視聴OK	○
	筆者の特別講座全 3 回。「上司 NG フレーズ 5 選」、「仕事のカタの取説」他。	視聴OK	○
心理的安全性に効くアイテム	筆者の「仕事の進めカタ」全ツール(25 種)	資料掲載	○
	トヨタ「ありがとう」ギフト(メンバー間で感謝を伝え合うアプリ。社内開発)	使用OK	○
	やること通知アプリ(依頼ごとの未実施者への自動フォローなど多機能。社内開発)	使用OK	○
	Tokumei Board(完全匿名で会議メンバーの賛否や意見が瞬時にわかるアプリ。社内開発)	使用OK	○
	3 ラウンド KY シート(メンバー全員でイラスト画の心理的「非」安全な行為について話し合いを実施し、自職場を振り返るシート)	資料掲載	○
	かわや版(心理的安全性ポスター。トイレ中心に掲示。なので、かわや版。全 5 種)	随時受付	○
	昭和 CM 風動画(1 分間で心理的安全性を紹介する動画。全 8 種類)	視聴OK	○
	リアル・心安ドロップス(昭和 CM 風動画からのスピンアウト企画。希望者が机上設置)	限定配布	○

図 2.5　昭和 CM 風動画

図 2.6　リアル・心安ドロップス

図 2.7　筆者の特別講座

ようになっています。

(4)　部・本部・カンパニー単位での活動をサポートする取組み

これは、部長や役員などのみなさんが、「自分たちの組織を風通しのいい、心理的安全性の高い職場にしていきたい」と手を挙げた場合に、心理的安全性検討チームとして、よりしっかりとサポートしていく取組みです(表 2.2)。

表2.2 部・本部・カンパニー単位での活動をサポートする取組み

取組み内容	具体的内容
心理的安全性職場リーダー養成	ZENTech石井先生「心理的安全性認定マネジメント講座(トヨタ版)」を実施。50名が修了後、各職場にて活動を継続中。 全社従業員意識調査結果フィードバック時に講座案内を配布。
トライアル職場でのノウハウ蓄積(部のレベル)	トライアル職場(三好明知製造技術部)を設定し、心理的安全性事務局と二人三脚で取組みを推進(全体スケジュール設計、個々のイベント内容作り込み、運営サポート、お悩みごと相談など)。 ここでの成功体験・失敗体験を全社へ横展。

この取組みについて、島田さんはこう語ります。「まずは、心理的安全性に共感してもらえる部署探しから始めました。検討チームメンバーの草の根活動だけではなく、全社規模での「職場づくりアンケート(現ウェルビーイングサーベイ)」という従業員満足度調査とコラボしながら進めていきました。毎年、このアンケート結果が出ると、人事部が各部署に結果内容の説明回りをしていくのですが、このときに、「心理的安全性認定マネジメント講座(トヨタ版)」の受講案内パンフレットを配布しました。こうした活動の結果、この講座には、50名の心理的安全性リーダー候補が集まりました。

またこのころ、三好明知製造技術部で「部単位でのトライアル活動」もスタートしています。」

2.3 第2ステージ(2023年4月〜現在)

(1) TQM推進部とのコラボ実現で次のステージへ

心理的安全性検討チームでの活動が10カ月経過したところで、これまでの取組み内容を整理するとともに(表2.3)、心理的安全性検討チームが発展的に解消され、「心理的安全性ワーキング定例(約80名で構成、毎月実施)」として、新たなスタートを切ります。実は、この4月から、TQM推進部との連携を進め心理的安全性の活動も、社内外のネットワークや社内研修などの切り口で取

表2.3　心理的安全性活動の現状と今後の進め方

	現状での課題意識	今後の方向性	具体的施策(案)
社内	A もっと働きかけが必要なメンバーへの浸透が必要	• マネジメント層とメンバーとの意識ギャップに着目した活動を継続 • 社内関係部署との連携を強め、対象層へのアプローチ機会を増やす	• 有識者によるイベント、使いやすい職場ツールの提供などの取組みを継続 • 全社教育・イベントの実施 • 部長会など社内インフォーマル活動との連携強化
社内	B カンパニー・本部レベルでのさらなる浸透が必要	• 各職場や組織の「自主性」を尊重しつつ、浸透拡大を図る(強制にならないように配慮)	• カスタマーファースト本部でのトライアル実施 • 工場(製造現場組織)でのトライアル検討
社外	C トヨタグループ・関係会社様などに取組みを拡大したい	• できるだけ使いやすい形で、心理的安全性コンテンツ(動画、スライド、研修そのもの)をオープンにできる仕組みづくり	• 無料コンテンツでの情報提供(検討中) • 社内外ネットワークを活用し、仲間づくり活動を推進

組みが拡大しています。

なお、具体的な活動内容としては、「8本柱＋α」ということで職場のみなさんと相談しながら現在進行中です(図2.8)。

2.4　職場メンバー目線の大切さと難しさ

(1)　「ヌルい職場」と「カレーライス」

第1ステージのはじめのころは、心理的安全性の話をするだけで、ものすごい勢いで、「ヌルい職場なんて要らない。そんなことでクルマは作れない」というコメントが返ってきたそうです。

これは、第1章でも述べましたが、本当に職場でよくある誤解の一つです。

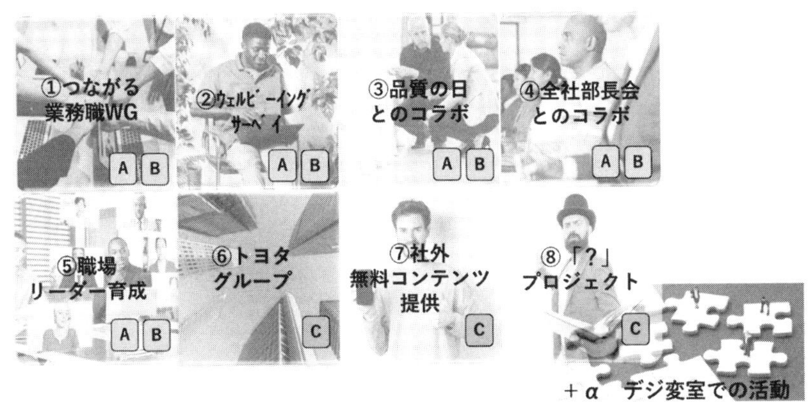

図2.8　具体的な取組み　8本柱＋α

島田さんはこう語ります。「「トヨタとしてめざすのは、ヌルい組織ではなく、学習する組織。それは、高い基準と高い心理的安全性を実現している状態です。」と説明していたのですが、どうしても、「心理的安全性」という語感が影響してしまって、なかなかうまく伝わりませんでした。しかしながら、よくよくメンバー目線で考えてみると、「心理的」に「安全」というと、「どんなにさぼっていても、叱られることもなくて安心・安全」とか「厳しい締め切りなどからメンバーが守られていて安心・安全」という誤ったイメージがわたし自身もパッと頭に思い浮かび、うまく伝わらないわけだなあ、と思う自分がいました。「もっと、職場メンバーに共感してもらえるように伝えられないだろうか？」、その答えはまだ出ていませんが、今は、「心理的安全性向上の取組みは、チャレンジングな目標に立ち向かっていくためには必要不可欠な職場風土づくりであり、トヨタのDNAである風通しのよさをもっとよくしていこうという取組みです。」と説明しています。」

こうしたエピソードの一方で、島田さんは、職場のみなさんに、「心理的安全性活動でめざしているのは、カレーライスな職場風土づくりです」という説明もしているそうです(**図2.9**)。ここでいう「カレーライス」とは、仕事の密度が高い一方で、職場の面倒見がよくコミュニケーションがよい状態を指しま

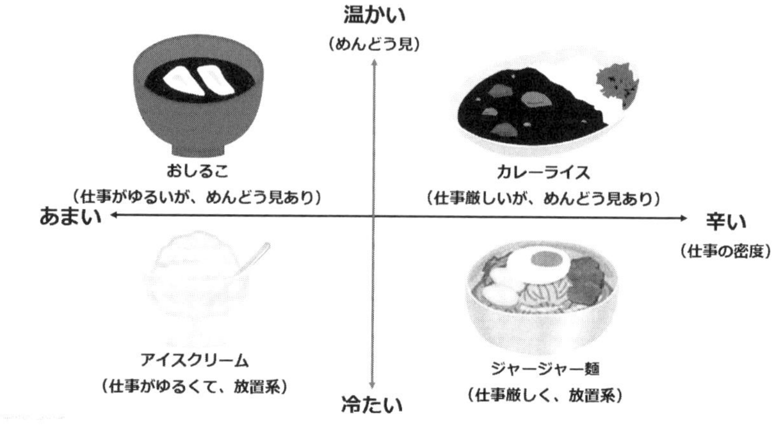

図2.9　アイスクリームとカレーライス

す。「口当たりはピリ辛だけど、本当に温かい」、そんな、古きよき昭和の香りがするイメージです。一方で、「ヌルい職場」のイメージは、「アイスクリーム」です。「口当たりは甘くておいしいけど、人間関係が希薄化している」イメージです。わたしたちは、口当たりのよさではなく、本質を第一優先に考えていく必要があります。そして、その本質とは、高い目標と人間臭さ・温かさのあるコミュニケーションのことであり、たとえると「カレーライス」なのではないでしょうか。

少し回りくどくなってしまいましたが、みなさんと一緒に、「カレーライスなチーム(職場)」を日本中に増やしていきたい、と今思っているところです。

(2)　製造現場での共感メッセージ

実は、『恐れのない組織』(エイミー・C・エドモンドソン著)の中には、トヨタ自動車に関する記述があります。「トヨタ生産方式は、たゆまぬ改善と完璧な実行に対するアプローチであり、ヒエラルキーの上下を問わずあらゆる従業員に絶えず、積極的に、進んで誤りを指摘することを求める。これは日本の文化で一般的に行われることなのであろうか。ノーである。では、トヨタの文化に深く根付いているのだろうか。答えはイエスだ。言い換えるなら、やろうと思えばできるということである。」と書かれています。

トヨタでは、製造ラインで何か問題があれば、それをライン責任者に伝えるため、「自ら進んで誤りを指摘」します。これを「あんどんの紐を引く」という言い方をします。問題があれば、製造ラインの近くの「あんどんの紐」と呼ばれる紐を引っ張るのです。

トヨタのある工場で、心理的安全性の取組みを進めていたときのことです。これまでは、今一つ、心理的安全性というものがうまく伝わらない感じでした。ところがある日、現場リーダーのみなさんに心理的安全性チームのメンバーが「あるスライド」を示したところ、大きく流れが変わり始めたそうです。そのスライドとは、「人間関係にも、あんどんの紐を引ける職場にしたい」という非常にシンプルなメッセージでした。現場リーダーのみなさんは、「そうか、これがやりたかったのか。これは、前から俺たちもやりかったんだ」と次々と共感してくれたそうです。このような経緯で、「心でも仕事でも、あんどんの紐が引けるメンバー育成」が現在進行中のテーマとなり、取組みが進んでいるそうです。トヨタならではの「伝えカタ」です。

2.5　簡単導入・速効効果の「2 つのカタ」で職場を変えよう

(1)　メンバーも辛ければ上司も辛い

ここまで説明してきたように、「正解のない時代」とも呼ばれている今日、世界と闘っていくには、メンバー全員の知識・スキルを総動員したアジャイル的な働き方でのチーム戦が不可欠です。

ところが、実際の職場では、Z 世代やさまざまな国籍のメンバーの割合が増加し、価値観の多様化が進んでいます。「もっと頑張ろうよ」といった精神論だけでは立ち行かない。これが今の職場です。

一方で、現場を任されている上司のみなさんはどうでしょうか？　さらなる上位者から具体的な成果が求められる中、ハラスメントやコンプライアンスにも気を遣わないといけないといった、まさにギリギリの状況に置かれていると思います。メンバーも辛ければ、上司も辛い。全員が閉塞感の漂う会社生活に追い込まれているのです。

とはいえ、こうした職場環境下で、「メンバー一人ひとりの働く幸せ」、「職場の心理的安全性」、「職場組織としての成果」のすべてを成り立たせる方法は本当にないのでしょうか？

(2)　シンプルな「2つのカタ」を使ってみよう

こうした課題に対して、**第3章**からは、シンプルながらも効果が高い「2つのカタ」を説明していきます。1つ目は、「ものの言いカタ」、2つ目は、「仕事の進めカタ」です。

上司のみなさんが直面している八方塞がりの職場で、実際に取組みを進めるためのポイントは、「シンプルさ」だと思っています。心理的安全性に関する本が書店に多く並んでいますが、「すぐに職場で使えるシンプルで効果的なツール」を伝えている書籍はまだまだ少ないと思います。本書の「2つのカタ」は、本当に明日から始めることができますし、効果も確認されているツールです。ぜひ、お試しでもよいので、実践導入していただきたいと思います。

【藤原教授のひと休みコラム2】

従業員満足度調査での「驚きの結果」とは？

従業員満足度調査とは、従業員に対して、会社方針や職場での働きがい、働きやすさ、安心感などを調査し、課題や問題点を把握し改善を図っていく調査です。トヨタでは、p.23 で述べたウェルビーイングサーベイがそれにあたります。本コラムでは、この従業員満足度調査に関連して、心理的安全性の取組みを進めていくと皆さんがきっと直面するであろう「ある出来事」について、島田さんの体験談を語ってもらいました。

＊＊＊＊＊＊＊＊＊＊＊＊＊＊＊＊＊＊＊＊＊＊＊＊＊＊＊＊＊＊＊＊

職場での心理的安全性の取組みは、ウェルビーイングサーベイの肯定的回答率の数字も見ながら進めています。実は、先日、トライアルを実施している職場で調査結果が出たのですが、「前回比で、心理的安全性関連のほとんどの設問の数字が下がってしまった」(図 2.10) というかなり衝撃的な出来事が起こったんです。

この 2 つの職場では、上司・メンバー全員で心理的安全性を学び、自らの行動に落とし込むなど、しっかりとした取組みを進めていたので、「これだけ取組みを進めているんだから、肯定的回答率が上がっているはずだ」という思いが関係者全員にありました。実際に、これまではあまり盛り上がっていなかった会議で、チャットの件数が 5 件から 200 件ほどに急増したり、「最近、職場で笑顔が増えたなあ」などと聞こえてくるなど、明るい兆しがあったので、この結果を見て本当に驚きました。

「トライアルをしている職場で、2 部署とも見事に肯定的回答率が下がっている」ことについて、有識者の皆さんに聞いてみました。すると、明治大学の野田教授、ZENTech の石井先生ともに、「アンケートスコアが落ちた理由は、本音が言えるようになってきたということではないで

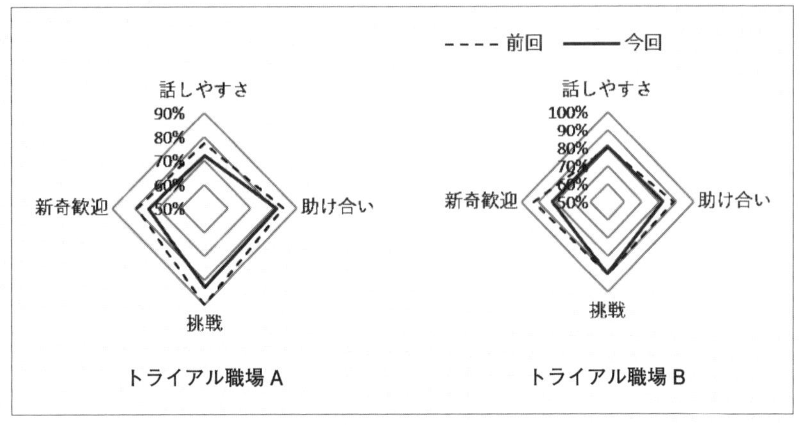

図 2.10　肯定的回答率の前回比

しょうか。」といったお話をいただいたんです。

「あれっ、わたしたち、これでやっとスタート地点に立てたということなのかも」とメンバー全員で顔を見合わせ、みんな、何ともいえない感じの表情になりました。（笑）

＊＊＊＊＊＊＊＊＊＊＊＊＊＊＊＊＊＊＊＊＊＊＊＊＊＊＊＊＊＊＊＊＊

わたしがこの話を島田さんから聞いたとき、「トヨタに在籍していたときに、「アンケートをネガティブに答えると結果的に自分たちのやることが増えてしまう」とか「アンケートをポジティブに答えておけば上司の機嫌がよくなって仕事がやりやすくなる」という生声を聴いたことがあるのを思い出しました。こうしたメンバーの皆さんの忖度ともいえる回答が影響し、実態よりもよいスコアが出ていた可能性も高いと思います。そして、これらの職場は、心理的安全性の取組みを通じて初めて、ナチュラルな回答が得られる職場になったということもできると思います。逆に、心理的安全性の取組みを開始して、「すぐに職場満足度調査でよい結果が出た」

という場合には、注意が必要です。本当は、メンバーにとってまだまだ本音を言いにくい職場なのかもしれません。

@tadasy

第3章

Z世代に響く「ものの言いカタ」

@tadasy

本章では、Z世代の特徴を整理するとともに、「ものの言いカタ」を活用して、「NGフレーズを良好なコミュニケーションに変化させていく方法」を説明します。

3.1　シンプルで誰でもすぐに使えます

(1)　簡単導入・速効効果

第1章では、近ごろのマネージャーのみなさんは、本当に泣きたくなるような職場環境の中で、上司から高い成果を求められ、しかも職場環境の激変で自らの経験を活かすことすら難しい、といった三重苦状態であることをお伝えしてきました。こうした状態、本当につらいですよね。

本章で紹介する「ものの言いカタ」は、このような複雑系の職場でも心理的安全性の向上が図れるよう、コミュニケーションという切り口からアプローチする方法です。特にZ世代に効果抜群で、品質保証も二重丸です。なにしろ、現役Z世代のみなさんと一緒に作ったものですから(笑)。しかも、とてもシンプルなので、難しいことをたくさん覚える必要はありません。本当に、少しだけ練習してみてください。みなさん一人ひとりが、今日からすぐに職場で使うことができる「リーサルウェポン」を装備完了、となるはずです。

@tadasy

3.2　メンバーの心を無意識に傷つけていませんか？

(1)　あなたも、無意識にNGフレーズを言っているかもしれません

まずは、次の問題にチャレンジしてほしいと思います。

【問題】あなたはある職場のマネージャーです。次のフレーズの中で、「NGフレーズ」なのはどれでしょう？

① どれだけ自分の頭で考えたのかなあ？
② 何が言いたいのかぜんぜんわからないなあ？
③ その提案、目的に合ってないなあ。そもそも目的って何だっけ？
④ そもそもそれって問題なのかなあ？
⑤ 原因(要因)は？対策は？いつまでにやるの？なぜすぐやらないの？
⑥ この対策、思いつきじゃないのかなあ？
⑦ なんでそんなに時間がかかるのかなあ？
⑧ これって再発防止になってないなあ？

上記の答えは、「すべてがNGフレーズ」となります。

ここに示したフレーズですが、8つともすべて実際の職場で上司が使っていたものです。社内外の講演会でも、これらのフレーズを列挙したスライドを見せながら、「みなさん、こうしたフレーズを使ったことがありますか？」と聞くのですが、どの回でも、「もちろん使ったことがあるし、今も使っている」、「上から○番目のフレーズは、前の上司の口ぐせだった」といったコメントが多く寄せられます。

ちなみに、わたし自身も、学生のみなさんや若手のみなさんの生の声を実際に聞くまでは半信半疑でした。それくらい、わたしたちの世代とZ世代と呼ばれる若手メンバーとの間には、同じ言葉であっても、その受け取り方や感じ方に大きな違いがあるのです。なので、こうしたフレーズをそのまま、特にZ世代に投げかけていくのは、本当にダメダメな行為です。後ほど、具体的な違

いや対応方法については詳しく説明していきますが、まずここでは、「上司のみなさんは、Ｚ世代との意識の違いが原因で、無意識にNGフレーズを使ってＺ世代を傷つけてしまっている可能性が高い」ということを理解してほしいと思います。

(2)　メンバーの心を変えるのは困難。でも影響は与えることができます

ここまでの話で、「あれっ、わたしって、NGフレーズを無意識にメンバーに対して使っているぞ。でも、若手メンバーもハイハイと聞いてくれているんだけど……」と思われた方もいらっしゃるのではないでしょうか？　実はこの現象、トヨタ自動車でもしばしば見られる光景です。職場メンバーが、マネージャーの人たちに、いわゆる忖度をしているんですね。「ハイハイと言っておかないと、もっと仕事が降ってくるかもしれないからだまっておこう」というのが、メンバーの本音なのです。

しかしながら、このような職場コミュニケーションのままでは、わたしたちがめざしている「学習する職場(＝心理的安全性もめざす目標も高い)」への道は、かなり険しいものとなります。

ここで、「メンバーの受け取り方が問題で、そのメンバーの意識を改めればいいのではないか」と思われる方がいるかもしれませんが、それは間違いです。確かに、人の心というものは、他人がなかなか変えられるものではありません。一人ひとりは独立した人格であり、それぞれの経験や背景によってさまざまな価値観をもっているからです。他人にある意見を押し付けられて、「はい、わかりました。今から変わります」というものでは決してありません。しかしながら、上司のみなさんが影響を与えることはできると思います。もし、上司が常にメンバーの気持ちや立場に共感し、悩みごとなどを一緒に考えるように変わることができれば、よい影響を受けないメンバーはほとんどいないと思います。

やはり、現状を変えていく最速の方法は、まず自分自身を変えることです。今日から、「NGフレーズは絶対に使わない」と決めて、行動を始めましょう。

さてさて、ここで、「NG フレーズがたくさんあって、覚えるのが大変。」と思われた方も多くいると思います。確かに、すべての質問と模範回答を暗記するのは相当に大変だと思います。実は、わたしもすべてを暗記している訳ではありません(汗)。ただ、「これまで問題解決の際に使っていたフレーズは、本当に気をつけて口に出さなければならない」ということを肝に銘じることにしています。なぜなら、個人的には、図 3.1 で後述するフレーズをそのまま使ってしまうと、「メンバーを追い詰めてしまうのではないか」というような印象が強いからです。みなさんも、ご自身の個性に合った「カン・コツ」を創っていただくと、**第 4 章**で述べる「NG フレーズ封印の術」を楽しく続けていくことができると思います。そのひとつの提案が、この「ものの言いカタ」なんです。後ほど説明しますが、「ある 3 つのことを頭に入れていただければ、メンバーとのコミュニケーションは OK」という、上司のみなさんにとってコスパ抜群の道具となっています。

(3) Z 世代が選んだ上司の NG フレーズワースト 10

本節の最後に「Z 世代が選んだ上司の NG フレーズワースト 10」を掲載します。Z 世代ど真ん中の学生さんたちが選んだ、心が折れてしまった NG フレーズランキングです。後ほど、一つひとつのフレーズについて、その問題点を指摘したうえで、「ものの言いカタ」を使って、簡単に言い方を変えていく練習をしていただくことにしています(**図 3.1**)。

もし、わたしたちの時代に、こうしたランキングがあれば、「仕事は苦しいに決まっとる。だから給料もらっている」、「やれない理由は聞いていない。やれる方法を考えろよ」、「上司が言えば、黒も白。仕事がうまくいったら、すべて上司の言われたとおりにやりましたと言うのがセオリー」、「職場はディズニーランドじゃないんだよ。会社は、入場料はもらわないどころか、給料払ってるんだよ。楽しいなんてありえない」というのがランクインするかもですね。もし今でもこのようなフレーズが飛び交っている職場があるとすれば、むしろ、「伸びしろが非常に大きい」と考えてよいと思います。これまでの悪い流れを第1位　どれだけ自分の頭で考えたの？
第2位　何が言いたいのかぜんぜんわからない！
第3位　なんでそんなに時間がかかるの？
第4位　原因(要因)は何？　対策は？　いつまでにやるの？　なぜすぐやらないの？
第5位　そもそも目的って何だったっけ？
第6位　で？？？
第7位　それってこの前も言ったよね？
第8位　そもそも問題って何？
第9位　それはなぜ？　それはなぜ？(深掘り)
第10位　現場で何を見てきたの？

図3.1　Z世代が選んだ上司NGフレーズワースト10

断ち切り、未来の明るい日本を一緒に創っていきましょう。

3.3　Z世代の特徴：LINE相談の気になる中身

(1)　まず、Z世代のことを知ろう

「ものの言いカタ」の具体的な説明に入る前に、もう一つだけ、みなさんに押さえておいていただきたいことがあります。それは、「Z世代は日々どのようなことを考え、実際にどのようなコミュニケーションをしているのか」ということです。

まず、「Z世代の特徴は？」というテーマで整理したものが次の項目です。

- 叱られた(特に責められた)経験が少ない。
- 競争心があまりない(ゆとり教育など)。
- 物欲、出世欲、夢があまりない。
- わからないことは即、答えを検索する。
- 教えられたことへの理解力が高い。
- 人並みでいたいという気持ちが強い。

勘の鋭い方は、何かひらめいたかもしれません。ざっと眺めていただくと、すべての特徴に共通する「あること」に気付かなかったでしょうか？

それは、「自分自身への自信のなさ」です。「自分に自信がない」ので、褒めてもらうのはいいけど、叱られてしまうとツラくなる。たとえ褒めてもらっていても、「自分に自信がない」ので、教室とか多人数の前で褒めるのはやめてほしいと真剣に思う。「自信がない」ので、競争心があまりない自分を演出する。「自信がない」ので、出世欲や夢は恥ずかしいものだと思い込む。「自信がない」ので、自分で考えるのではなく、まずはググってしまう。「自信はない」けど、周りからできない人扱いをされたくないので、教えられたことに対してはしっかりと勉強する一方で、あくまでも人並みなので「自分に自信をもてない」状態が続いてしまう。

こういう話をすると、「いやいや、全員がそうではないと思うよ。実際、うちのメンバーの○○さんは自信家だと思う」というようなコメントをよくいただきます。そうなんです。おっしゃるとおりだと思います。ただ、わたしがここで強調したいのは、「Z 世代メンバーは、こうした世代の特徴に当てはまるかもしれないということを頭に入れておいたほうが理解がしやすいですよ。もちろん、例外も多くあるので、より一人ひとりの個性に合わせてコミュニケーションしてください」ということです。

(2) Z 世代が LINE で見せる等身大の姿

もう一つ、「Z 世代メンバーたちの LINE」を覗かせていただくと、このようなメッセージのオンパレードでした。

- 上司や先輩が厳しすぎる（質問ばかりされる。どうすればよいのか教えてくれない）。
- 毎日どんどん自信がなくなってくる。
- 毎日の会社生活がつらい。
- 今の職場環境だと、産休・育休を取れる気がしない。
- 転職したいので相談に乗ってほしい。

等身大の姿はこんな感じです。「上司や先輩が厳しすぎる」とか「自信がどんどんなくなってきて、毎日がつらい」というのは、昔もあった話だと思います。ただ、昔と今で大きく違うのは、「自信がそもそもないところにさらに自信がなくなってしまうこと」と「今は、転職が簡単にできてしまう労働市場の環境が整っていること」だと思います。また、転職については、「みんながやっているので大丈夫」というのが主流であり、上司が思っている以上にそのハードルは極めて低いというのが実情です。

3.4　Z 世代がわたしたちの先生

(1)　Z 世代の悩みと上司の感情

それでは、Z 世代メンバーが仕事を進めていくうえで、具体的にはどんなことで悩んでいるのでしょうか？　もう少し掘り下げていきたいと思います。

インターン経験をした学生さんを対象にしたヒヤリングの結果を**図 3.2** に示します。なるほど、この内容は、会社に入ると誰もが一度は通る道かもしれません。一方で、みなさんが上司の立場だとして、このような相談をメンバーからされたらどうでしょう。おそらく、瞬時に、**図 3.3** のようなフレーズが頭に浮かぶのではないでしょうか。

みなさんの頭に浮かぶであろうフレーズですが、すべて「Z 世代が選んだ上司 NG フレーズワースト 10」にランクインしています。決して、そのまま口に出してはいけません。

- うまく計画が立てられない、何とかなると思っていたが、実は大幅に遅れている。
- 途中で大きな問題が起きてしまった。
- 関係者が協力をしてくれない。
- 仕事を丸投げされているような気がする。

図 3.2　Z 世代が仕事で悩むこと

- うまく計画が立てられない、何とかなると思っていたが、
  実は大幅に遅れている。
  ⇒で？？？(第 6 位)
- 途中で大きな問題が起きてしまった。
  ⇒そもそも問題って何？(第 8 位)
- 関係者が協力をしてくれない。
  ⇒原因は何？　対策は？　いつまでにやるの？　なぜすぐやらないの？(4 位)
- 仕事を丸投げされているような気がする。
  ⇒で？？？　(第 6 位)　どれだけ自分の頭で考えたの？(第 1 位)

図 3.3　Z 世代が仕事で悩むことと上司の感情

(2)　わたしたちが NG フレーズを言いたくなる理由

それでは、どうしたら、「NG フレーズを回避しつつ、Z 世代に言いたいことをきちんと伝えることができる」のでしょうか。

おっと、その前に 1 つ大切なことを確認します。それは、「なぜわたしたちは、NG フレーズを言ってしまいたくなるのか」ということです。これには、ある理由があります。

図 3.4 は、これまでトヨタが大切にしてきたもので、先輩から、時に厳しく、

- **「なぜ？」**(目的、原因)を問い続ける
- 理屈やストーリーを重視する
- **「自ら考える人」**をつくる
- 困った中で知恵が出る
  →部下を困らせろ！という教え
  →答えを言わない！という教え
  →部下と自分の知恵比べ！という教え
- **納期必達！**

図 3.4　トヨタでの先人からの教え

時に優しく、現地現物での実体験という形で伝承されてきました。今でも、トヨタを支えている大きな強みになっているものです。

一方、この内容をZ世代メンバーはかなり冷ややかな視線で見ており、ここに大きなギャップがあります。具体的には後ほど詳述していきますが、この大きなギャップこそが、上司のみなさんがNGフレーズを言ってしまいたくなってしまう最大の理由になっています。

(3)　Z世代の感じ方

そこで、このギャップをより具体的にするために、実際に学生のみなさんに、NGフレーズそれぞれについて、本音ベースで、「なぜ、NGだと感じるのか？」を聞いてみました。1つずつ一緒に考えていきましょう。

1)　「そもそも目的って何だったっけ？（第5位）」をNGにした理由

このNGフレーズについてのZ世代メンバーのコメントは、「なぜそんなことを聞かれているのか全然わからないので、頭が真っ白になってしまう。何も回答できなくなってしまう。」、「わたしの今回の提案って目的に合った方法ではなかったのかなあ？　でも、何が正解で適切なのかがわからないし……、不安しかない。」というものでした。

もう少し突っこんで、「どうしてそう感じてしまうのか？」ということを聞いてみると、学生メンバーは、「目的に沿っていないことを遠回しに言われていると感じるからです。すごくイヤミに聞こえます。どうせなら、もっとストレートに言ってほしい。」と口を揃えます。少し意外かもしれませんが、Z世代メンバーは、自分の成長につながる内容の話であれば、上司のみなさんからの「時に厳しくても、前向きで具体的なコメントを望んでいる」のです。よくよく考えてみると、これはZ世代の若手に限ったことではありません。上司のみなさんは、どんなメンバーに対しても、このNGフレーズに気を配る必要があります。

一方で、上司の立場からも、「あれっ、ちょっと反応が薄いなあ」と感じる瞬間があります。若手メンバーに対するときはもちろんですが、トヨタの管理職経験者が出向先メンバーとコミュニケーションする中でよく遭遇する話としても有名です。ひどいときには、出向者ご本人としても、「トヨタでいつも質問していたことと同じなのに、どうしてこうもリアクションが少ないんだろう」と不思議に思ってしまい、出向先でマネジメントの自信を失ってしまうケースもあると聞いています。

この「そもそも目的って何だっけ？(第 5 位)」という NG フレーズは、メンバーの心を折り、時には上司の自信も失わせてしまう「禁断のフレーズ」なのです。

2)「原因は何？　対策は？　いつまでにやるの？　なぜすぐやらないの？(第 4 位)」を NG にした理由

このNGフレーズについての Z 世代メンバーのコメントは、「そんなに矢継ぎ早に言われても辛いだけ。頭が真っ白になるし、思考停止してしまう」、「すぐ対策できるかどうかもわからないのに、いつとか、なぜすぐやらないのとか、やること前提で上司に決めつけられると正直焦りしかなくなってしまう」というものでした。

このNGフレーズを発してしまうのは、周りから「頭の回転が速い」と評価されているような上司が意外に多いのが特徴です。特に、業務経験とかが豊富で、仕事の進め方も頭の中で整理ができている上司とか、仕事を始める段階ですでにゴールまでのイメージができてしまっている上司とかによく見られます。メンバーからすると、「やったことがない業務で、なんでできないのと言われても困る。上司は経験があるからできそうに見えるのだろうけど、答えがわかっているなら意地悪しないで教えてほしい。自分の成長のためなら、育成のためだということをきちんと言ってほしい。」と思っています。

3)「なんでそんなに時間がかかるの？(第 3 位)」を NG にした理由

このNGフレーズは、昔から職場でよく使用されていました。わたしも口にしたことがありますし、周りの上司たちもよく使っていました。

当然、Z世代メンバーからは、「一所懸命やっていて、時間がかかってしまっただけなのに……。」、「なんか、無能と言われているみたいでとても悲しい。」というネガティブなコメントがほとんどです。

まずは、一所懸命やっていることを積極的に認めてあげることから始めましょう。そのうえで、「時間がかかってしまったという事実について一緒に考えていきたい。」ということをメンバーに真正面から伝え、お互いの対話や共感につなげていけると最高です。

あと、「無能と言われているみたい。」という言葉をZ世代メンバーが使っているように、わたしたちは、「このNGフレーズは相当にキツイ言葉であり、人間性を大きく否定している言葉でもある」ということをしっかり頭に入れる必要があります。

古い話で恐縮ですが、わたしはあるとき、上司から「のっそい仕事(＝ゆっくりした仕事)はネコでもするぞ。君の仕事はネコでもするぞ」と言われました。そのとき、ちょっと悲しくなったのですが、「いやすごいネコだ。人間の言葉を理解し、字を書き、パソコンも使え、コミュニケーションもとれる。そんなネコを飼っている上司はすごい」と自分なりの笑いに変換して、何とか消化することができました。それほど、人の言葉というのは毒素を持っているのです。ちなみに、その上司とは、今でも交流があります。強い信頼関係があったからこその昔話なのですが、大変キツいことを言われた思い出はなかなか消えません。信頼関係のあるなしにかかわらず、このNGフレーズは使ってはいけないという意識をもつことが求められているのです。

4）「何が言いたいのかぜんぜんわからない！(第2位)」をNGにした理由

このNGフレーズが上司の口から出ると、Z世代メンバーは「説明の仕方や内容を全否定されているようですごく辛い。」、「自分なりに一所懸命伝えているのにこれ以上どうしたらいいのか。」という感じで思い悩んでしまいます。

このように、「一所懸命説明しているのに、全否定された」という悪い印象は長い間残ってしまいます。実はこの NG フレーズ、わたしもよく言われた記憶があります。日曜日の昼ごろから月曜日のことで頭がいっぱいになってめちゃめちゃ憂鬱になってきたものです。わたし自身としては、学生のみなさんがこんな気持ちにならないように「一所懸命に伝えているけど伝わらないのは、伝え方を知らないだけのこと。まず結論を言おう。その次に理由が 3 つあると言いなさい。」とアドバイスしています。そうすると、ちょっとした訓練だけで、みんな堂々としゃべれるようになります。

5)「どれだけ自分の頭で考えたの？（第 1 位）」を NG にした理由

このNGフレーズが第1位に選ばれたのは、「自分の頭で」という言い方が相当のイヤミに聞こえるというのが最大の理由でした。

上司のみなさんが、こう言いたくなる気持ちはわたしもわからないではありません。何しろ、つい最近まで、わたしもメンバーに言っていましたから。ですが、「どれだけ自分の頭で考えたの？」は完全無欠の NG フレーズです。しかも、堂々のランキング第 1 位。「絶対に職場で口にしてはいけない NG フレーズである」と記憶しておいて損はありません。そのままこの超強力 NG フレーズを上司のみなさんが使い続ければ、Z 世代メンバーは、「転職したほうがいいかも。今ならまだ間に合う」という気持ちに傾いていくかもしれません。でも、実は、「まだ間に合う」というのは、わたしたち上司のほうなのです。それは、自分自身のマネジメント意識の改革です。これまでの「上司が強い・偉い」という価値観を「上司はメンバーを支援する役割である」という価値観に変えていくことが大切です。これは、これまでの成功体験が大きければ大きいほど、実行が難しくなりますが、まだ間に合います。自分を変えることができるのは、みなさん自身しかいないのです。

(4)　Z 世代がわたしたちの先生

このように具体的な NG フレーズを事例にして、学生のみなさんに「どれくらいイヤなの？　その理由は？」とヒヤリングを進めてきたのですが、ここからは、「NGフレーズをどうしたらGOODフレーズに変えることができるのか？」という話をしていきたいと思います。結論から申し上げると、「**表3.1**の4つのポイントを理解したうえで、メンバーとコミュニケーションをとっていただきたい」ということです。Z世代メンバーと一緒に作成していますので、「上司からこういう感じで言ってもらう分には大丈夫です。」という太鼓判が押されている内容です。まさに「Z世代がわたしたちの先生」なんです。

それでは、ポイントごとに見ていきましょう。

ポイント1：モチベーションが上がるように伝える

これは、「どうすればZ世代メンバーのモチベーションが上がるのか」を真剣に考えて、コミュニケーションをとっていこうということです。

つい最近のことなのですが、就職活動をこれから始めようという学生と次のようなやりとりをしました。

学生：先生、トヨタのこと教えてください。

藤原：な〜に？

表3.1　NGフレーズをGOODフレーズにする4つのポイント

ポイント	具体的な方法
1. モチベーションが上がるように伝える	• まずは行動をしたことをほめる、感謝する(否定は×)→習慣化
2. 指導内容を納得できるように伝える	• なぜ質問しているのか？を具体的に伝える • 指導されることの本人にとってのメリットを伝える(成長など)
3. 具体的な行動をイメージできるように伝える	• 何をどのように考えて行動すればよいのか？ • 「仕事の進めカタ」ツールを有効に活用する
4. やり直しをできるだけ減らせるように伝える	• できるだけ1回で、考えるべき項目を伝える(後出しじゃんけんはしない) • 「仕事の進めカタ」ツールを有効に活用する

学生：トヨタに入っておいたら転職に有利ですよね？

藤原：……

このようなやり取りは、この学生が特別なわけではなく、他にも 3〜4 人の学生から同様の相談を受けています。ここで上司のみなさんに意識していただきたいことは、「Z 世代の学生の多くは、はじめから転職する前提で就活をし、入社している」という事実です。Z 世代には、昭和世代には常識であった「終身雇用」を前提とした理屈は通用しにくくなっているのです。こうした事実を目の当たりにすると、実際の会社生活では、「後工程が迷惑するぞ」、「競争に負けるぞ」、「会社のルールだから」、「部としての目標に向かって」といった従来から使っていた動機づけの理由を並べることが、従来よりもあまり意味をもたないことにお気づきになると思います。Z 世代メンバーには、「いかに本人が成長できるか」、「本人にどんなメリットがあるのか」ということに力点を置いてコミュニケーションを図ることが大切です。

ポイント 2：指導内容を納得がいくように伝える

実は、このポイント 2 がわたしの一番の気づきでした。学生のみなさんに共通していたのは、「上司から、なぜその質問をしているのかという理由を説明してほしい」というコメントだったのです。

思い返すと、「上司という役割になると、部下に対してはなぜを問うが、自分の質問している内容についてのなぜは説明しない。つまり、「自分の質問の背景や理由を言わないことが多い」ということです。部下に、上司が質問する背景や理由まで推し量れというのはあまりに酷です。だから、自分からなぜを言わないといけないのです。

ある講演で、「こういう背景があるからこんな質問をしているんだよ、と学生に伝えている。」という話をしたときに、ある会社の人事担当者の方が大きくうなずきました。その方は、「確かに、わたしも就活生に質問をするときは、なぜを言ってから質問しています。だけど、自分の部下には言っていません。よくよく考えてみると、部下には横着して「なぜ」を言ってなかったなあ、と反省しています。決して部下を軽んじてなんかいないのに、悪いことをしたなあと。これからは「質問の理由」を面倒臭がらずに伝えていこうと思います。」と話してくれました。

このように、「なぜ」は相手へのリスペクトの現れなのですが、部下に対しては、従来の習慣や慣れからか、どうしても抜けがちです。こうした感情のすれ違いから誤解が生まれるのは大変にもったいないと思います。今ここで、「指導するときには必ず理由や背景を添える」ということをきちんと頭に入れておきましょう。

ポイント３：具体的な行動をイメージできるように伝える

要は、例えば、「再発防止を考えてね」という言葉だけでは、指示が抽象的すぎて、メンバーが具体的に何をやったらいいのかわからない、ということです。この状態でメンバーが検討を進めていくと、「これって、再発防止になっていないよね」とついつい言いたくなってしまう状況が訪れてしまいます。このようにならないためにも、何をどのように考えて行動すればよいのか、上司とメンバーとで具体的な共通イメージをもつ必要があります。

ポイント４：やり直しをできるだけ減らせるように伝える

とにかく、Ｚ世代メンバーは「後出しじゃんけん」が大キライです。昭和世代のみなさんもキライだとは思うのですが、そのキライ度合いが数段高いイメージだということを意識してください。もし、メンバーに内容変更をかけるときには、素直に「ごめんなさい」と謝罪したうえで、きちんとした理由を説明することを強くお勧めします。実は、これができなくて、職場がギスギスしてくるケースが非常に多くあります。

しかしながら、実は、このポイント４は、**第４章**で解説する「仕事の進めカタ」で留意するほうが、より効果的です。ですので、「ものの言いカタ」については、上記のポイント１〜３をしっかり理解していただきたいと思います。

3.5 「ものの言いカタ」実践道場

(1) 「ものの言いカタ」を練習してみよう

前節で解説した、「NG フレーズを GOOD フレーズに変えていくポイント」を職場で使いやすいように手順としてまとめると、以下の「たった3つ」になります。

【伝え方の手順】
① まずできている部分を褒め、感謝を伝えてから、
② 「本人のメリット」と、
③ 「考える視点や手順」を伝える。

大切なことは、目的や本質に立ち戻って考えてから、理由や本人のメリットを伝えるということです。今までは、「③考える視点や手順」をメンバーに伝えたらおしまい、という感じではなかったでしょうか。これからは、「③考える視点や手順」に加えて、「①できている部分を褒め、感謝を伝える」ことや、「②本人のメリット」も積極的にメンバーに伝えていきましょう。

とにかく、このワンパターンだけで OK です。しかも、メンバーから「いつもワンパターンじゃん！」なんて言われることはほとんどありません。その場に応じて、理由やアドバイスが違った内容になってくるので、メンバーが受ける印象は、その場面場面で違ったものになるからです。逆に、どんどん使ってみて、「このワンパターンを極めてほしい」と思います。そうすると、知らない間に、まさに「当意即妙」な対応ができるようになっていきます。

それでは早速、先ほどの NG フレーズを使って、「NG フレーズを GOOD フレーズにする「ものの言いカタ」の実践練習」をしていきましょう。

【第5位】そもそも目的って何だったっけ？

◆Z世代の感じ方：聞かれている理由がわからないので、頭が真っ白。
今回の提案は目的に合っていなかったのかが不安。

◆伝え方の手順

① 感謝［理由］：ありがとう［対策を考えてくれている］

② 本人のメリット：目的に立ち戻って考えると、よいアイデアが出ることがある。

③ 視点と手順：一緒にやってみよう。

【回答例】

「対策を考えてくれたんだね。本当にありがとう。
目的に立ち戻って考えてみると、もっといいアイデアが出ることもあるよ。
一緒にやってみよう！」

まずは、「そもそも目的って何だったっけ？（第5位）」からです。前述したように、Z世代からは、「聞かれている理由がわからない」、「提案が目的に合っていなかったのではないかが不安」という声が大半です。

一方で、上司のみなさんは、「目的に沿った対策になっていない」ということを明確に伝えなければなりません。そこで、「ものの言いカタ」の3つの手順を使ってみます。

まず、「①感謝と理由」を伝えましょう。今回の「感謝の理由」は、少し苦しいのですが、「対策を考えてくれたから」としました。このように、多少ムリがある場合でも、部下のポジティブな部分に光を当てようと思い、その姿勢を見せることが大切です。まずは、部下の心の窓を開いてもらうことを優先します。

次に「②本人のメリット」ですが、「目的に立ち戻って考えてみると、よいアイデアが出ることがある」としました。こうすることで、「部下本人の成長につなげていくための上司からのアドバイス」というニュアンスを出すことができます。

3つ目の「③視点と手順」では、「一緒にやってみよう」というフレーズを使って、部下が抱いている不安感の払しょくと勇気づけを意図しています。あとは、①〜③について、滑らかな表現としていくことで、上記の回答例となります。あまり難しく考えるのではなく、この3つの手順を意識しながら、どんどん経験を積んでいきましょう。

【第4位】原因(要因)は？　対策は？　いつまでにやるの？　なぜすぐやらないの？

◆Z世代の感じ方：矢継ぎ早に言われても辛いだけ。思考停止してしまう。
やること前提で上司に決めつけられると焦りしかない。

◆伝え方の手順

① 感謝[理由]：ありがとう[難しいテーマなのに考えてくれている]

② 本人のメリット：要因をしっかり掘り下げると、いい解決策が見つかる。

③ 視点と手順：まずは要因を洗い出す。

【回答例】

「なかなか解決策が見つけにくいテーマだよね。考えてくれてありがとう。
まずは要因を掘り下げてみると、いい解決策が見つかることが多いよ。
要因だと思うこと、どんどん言ってみてくれる？」

トヨタの中では、「原因(要因)は？　対策は？　いつまでにやるの？　なぜすぐやらないの？……(さらに続く)」とメンバーを指導してしまう上司のことを、野球の練習になぞらえて「正論ノッカー」と表現することが多いです。これは、Z世代に限ったことではないのですが、ほとんどの場合、このノックを受けてしまうとメンバーは思考停止状態になり、メンタル的に追い詰められた状態に陥ります。

上司として「正論ノッカー」にならないために、よくある対処方法としては、「部下の意見や感情に理解を示し、相手を尊重し思いやる心をもつことが大切」といわれます。これは、本当にそのとおりなのですが、「いざ、その場になってみると難しい。また、正論ノックをしてしまった…(汗)」という上司のみなさんは多いと思います。実は、わたしも、その一人でしたから。

こうした場合でも、あまり難しく考えずに、3つの手順で考えていきましょう。「①感謝と理由」を具体的に伝え、「②本人のメリット」としてメンバー自身の成長につながることを伝える。そして、「③視点と手順」として、これから進んでいってほしい方向への切り口を提示していくと、追い詰めていく印象はほとんどなくなってしまいます。

- なかなか解決策が見つけにくいテーマだよね。考えてくれてありがとう。
- まずは要因を掘り下げてみると、いい解決策が見つかることが多いよ。
- 要因だと思うこと、どんどん言ってみてくれる？

こうしたフレーズのバリエーションは、他にもたくさんあると思います。そして、繰り返し練習していくことで、効果的なフレーズのストックもどんどん蓄積されていきます。わたしも、「このフレーズ、ステキだなあ」と感じたフレーズをすぐに書き留めるようにしています。大学の指導の際、実際にこうしてストックしたフレーズを使ってみて、学生さんから大変素敵な笑顔がかえってくると、本当にうれしく思います。近い将来に、本書を読んでいただいているみなさんと「実際に職場で使ってみてステキだったフレーズ集」のようなものをつくることができるといいなあ、と妄想しています。

【第3位】なんでそんなに時間がかかるの？

◆Z世代の感じ方：一所懸命やっていて、時間がかかっただけなのに……。
無能と言われているみたいでとても悲しい。

◆伝え方の手順

①　感謝[理由]：頼もしい[真剣に取り組んでくれている]

② 本人のメリット：困っていることが解決できる。

③ 視点と手順：困っていることを一緒に考えてみる。

【回答例】

「真剣に取り組んでくれているね。頼もしいよ。

時間が予定よりかかっているみたいだけど、困ったことがありそうだね。

一緒に考えよう。」

ここで、「時間がかかっている」というのは、前向きに解釈すると「真剣に取り組んでいる」ということです。上司のみなさんがポジティブな解釈をすると、メンバーの考え方もプラス思考に向かうことが多いです。実は、わたしたちが思っている以上に、若手メンバーは多くのことを考えてしまい、悩んでいます。ですので、わたしたち上司は、「きっと、困ったことがあるから時間がかかっているのではないか」とポジティブな捉え方をしてみてはどうでしょうか。

あと、「一緒に考えよう」と言ってもらえるとメンバーはかなりうれしいそうです。例えば、就活相談では、面倒見のよい上司や先輩がいるか、職場の雰囲気がいい感じなのかといった話がよく話題の中心になっています。

一方で、上司がメンバーと一緒に悩んだり、考えたりすることは、「超大変」なことです。職場からの相談件数も非常に多くある項目なのですが、こんなときには、**第4章**で説明する「仕事の進めカタ」ツールを使用していただくことをお勧めしています。メンバーとのコミュニケーションが本当に楽になります。

【第2位】何が言いたいのかぜんぜんわからない！

◆Z世代の感じ方：説明の仕方や内容を全否定されいるようですごく辛い。
自分なりに一所懸命伝えているのにどうしたらいいの？

◆伝え方の手順

① 感謝[理由]：感謝している[頑張ってくれている]

② 本人のメリット：話の流れを整理すると、もっといいアドバイスが

できる。
③　視点と手順：結論と根拠を明確にする。

【回答例】

「頑張ってくれてるね。感謝しているよ。
話の流れを整理してくれると、もっといいアドバイスができると思うので、まずは結論と根拠から教えてくれるかな？」

これは学生メンバーに書いてもらった「上司模範回答案」を読んだときに、「なるほど～」と思わずうなりました。「話の流れを整理する」ことが、「本人のメリット＝アドバイスがもらえる」になることをさらっと伝えているからです。そのうえで、「結論と根拠」を求めるとメンバー視点で非常に受け取りやすいメッセージになります。

【第1位】どれだけ自分の頭で考えたの？

◆Z世代の感じ方：「自分の頭で」という言い方が相当イヤミに聞こえる。

◆伝え方の手順

①　感謝[理由]：お疲れ様[よく考えてくれた]
②　本人のメリット：内容を具体的にすると、もっといいアドバイスができる。
③　視点と手順：推しどころと工夫した点を聞く。

【回答例】

「よく考えてくれたね。お疲れ様(^^)/
もう少し具体的な内容だと、もっといいアドバイスができるんだけど、「ここは！」という推しどころや工夫したことを教えてくれる？」

それでは、いよいよ、第1位の「どれだけ自分の頭で考えたの？」です。Z世代からすると、「相当イヤミに聞こえる」というこのフレーズですが、実は、もう少し根深い悪さが存在しています。

それは、トヨタが大切にしている「人間性尊重」の問題です。この「人間性尊重」とは、人間の「考える力」を尊重することです。上司は、部下が知恵を出すチャンスを奪わないで、部下と上司で知恵比べをする。こういったことを通じて、「部下の考える力を伸ばし、成長を促していく」ことが、トヨタでは、そのDNAとして脈々と受け継がれています。

一方で、「どれだけ自分の頭で考えたの？」というフレーズを見てみると、「部下の考える力を真っ向から否定していると思います。「あなたは、自分で考えることをしていない」、もしくは「あなたは考えているつもりかもしれないけど、そのレベルではまったくダメだ」と言っているのと同じです。しかも、Z世代は、「自分の成長感を最重視」ですから、このフレーズが1位になるのもうなずけます。ここまでご理解いただければ、あとは、淡々と3つの手順で進めていくだけです。

「よく考えてくれたね。お疲れ様(^^)/　もう少し具体的な内容だと、もっといいアドバイスができるんだけど、「ここは！」という推しどころや工夫したことを教えてくれる？」

ずいぶん印象が変わりますね。しかも、「もう少し自分の中で理解を深め、問題点を明確にし解像度も上げ、対応案に結びつけてほしい」という上司のみなさんの気持ちはしっかり伝わると思います。ちなみに、本書の原稿を書いているときに、Z世代のある学生さんから、「表現はこれで大丈夫なのですが、上司のみなさんが包み込んでくれるような笑顔をプラスしてくれると、効果はさらに上がると思います。難しいかもしれませんが……。」との話がありました。まったくそのとおりだと思います。笑顔のパワーも使って、部下一人ひとりの「人間性尊重」につなげていくことができるよう練習を重ねていきましょう。

【第6位以下の参考例】

最後に、第6位から第10位については回答例のみの掲載とします。3つのポイントを使って、ナチュラルな受け答えとなるように、どんどん練習して経験を積んでいきましょう。

【第６位】で？？？（すべての説明が終わったあと）

◆Ｚ世代の感じ方：あれっ、結論が伝わっていない？　無能ということ？
言いたいことがわからないと遠回しに言われているぞ。

◆伝え方の手順

①　感謝［理由］：ありがとう［報告をしてくれた］

②　本人のメリット：「先に結論、次に根拠」で誰でもロジカルな人に見える。

③　視点と手順：考えが整理されていなくてもいいので、一緒に考える。

【回答例】

「報告してくれて、ありがとう。
「はじめに結論、次に根拠」を心掛けると、不思議とロジカルな人に見えるんだ。
うまく整理できていなくてもいいから、一緒に練習してみようか。」

【第７位】それってこの前も言ったよね？

◆Ｚ世代の感じ方：記憶力や頭が悪いことを痛感してしまう。
上司が間違っているかもしれないが、自信がない。

◆伝え方の手順

①　感謝［理由］：ありがとう［報告してくれた］

②　本人のメリット：ここでの議論内容を他メンバーにシェアすると感謝される。
議事メモがあると、上司は「後出しじゃんけん」がしにくい。

③　視点と手順：一緒に確認する。

【回答例】

「今回は、報告してくれてありがとう。
今日は議事メモを残してみようか。他メンバーも内容を知りたいだろうし、わたし自身の「後出しじゃんけん」防止にもなるのでお願いできるかなあ(笑)。」

【第8位】そもそも問題って何？

◆Z世代の感じ方：「問題点がきちんと整理されていない」ことを遠回しに言われているような気がして不安になってしまう。

◆伝え方の手順

① 感謝[理由]：すごく頑張った[資料を作成してくれたから]
② 本人のメリット：「ありたい姿」を意識すると、問題解決能力がアップする。
③ 視点と手順：まず、問題の定義を一緒に確認して、実際に職場にあてはめる。

【回答例】

「この資料、力作だね。すごく頑張ったね。
○○さんの考えている「ありたい姿」って、どんなイメージなんだろう？
ここが問題解決の出発点だから、丁寧に考えると問題解決能力が向上するんだ。まずは、ここでの問題とは何かを一緒に考えてみようか。」

【第9位】それはなぜ？　それはなぜ？（深掘り）

◆Z世代の感じ方：あまりに深掘りされると、しっかり根拠をもって取り組んでいるかどうかを見極められているようで、精神的に追い詰められる。

◆伝え方の手順

① 感謝[理由]：ありがとう[よく考えてくれているから]

② 本人のメリット：深掘りが上手くなると、問題解決のスピードが上がる。

③ 視点と手順：一緒にフィッシュボーン(特性要因図)を作ってみる。

【回答例】

「よく考えてくれていて、本当にありがとう。

要因解析の深掘りをマスターすると、真因に到達しやすくなるから、○○さんの問題解決スピードがマシマシになると思うんだ。一緒に、フィッシュボーンを作ってみない？」

【第10位】現場で何を見てきたの？

◆Z世代の感じ方：問題点がきちんと把握できていないことを遠回しに言われているようで、自信がなくなってくる。

◆伝え方の手順

① 感謝[理由]：お疲れ様[現場に行ってきたから]

② 本人のメリット：現場の困りごとを解決したら感謝される。

③ 視点と手順：一緒に現場にヒヤリングに行く。

【回答例】

「お～っ、現場に行ってきたんだね。お疲れ様。

現場で困っていること何か聞かなかった？　もし解決したら感謝されるんだよね。

明日、その現場に連れて行ってくれないかなあ。わたしも一緒に聞いてみたいんだ。」

(2) それでも、イラっとしてしまうときがあります

頭では、「NG フレーズを言ったらダメだ」とわかっていても、イラッとしてしまう瞬間が職場ではたくさんあると思います。「自分の価値観と他人の価値観は違う」のですから、この違いを受け容れることができないと、イライラは一生続きます。

違いを受け入れるコツの一つに、「他人への過度な期待はしない」という方法があります。現状と期待感とのギャップが大きければ大きいほど、イラッとしてしまいます。逆に、他人への期待感を下げれば、このギャップが小さくなり、イラッと感が緩和します。「仕事に対してはありたい姿はより高く。人間関係に対してはより適度に」という感じです。

もう1つ、島田さんが株式会社 EQ の高山さんに教えていただいたステキな方法があります。「6 seconds」というもので、イラッとしたら、心の中で、「1・2・3・4・5・6」と6秒カウントすると怒りが治まるという手法です。怒りの感情がもつ「6秒を過ぎると治まってくる」という性質を利用しているとのことで、実はわたしもトライしたことがあります。でも、イラッとした感情は止まりませんでした。そこで再度島田さんに相談したところ、「藤原さん、今度は、1万 seconds にしてみてください。途中でアホらしくなって怒りが収まりますから(笑)。実はわたしも同じような状況になったので、高山さんからこのアドバイスをもらったんです。」とのこと。まじめに試してみたのですが、10 カウントを超えたくらいで本当にアホらしくなってきて、逆に笑えてきました。ひょっとしたら、「1万 seconds」は最強かもしれません。

(3) 上司の鎧（よろい）を脱ぐ 「共感」、「感動」、「笑顔」の世界へ

最近、「Z 世代と本当にうまくやれるの？」という質問も多く寄せられています。

結論から言うと「できます」。上司が自ら、「自分をさらけ出して、ただ、ものの言いカタを変えるだけ」で、かなりの部分の問題は解消されてしまいます。

しかも、Ｚ世代メンバーだけでなく、ほとんどのメンバーともうまくやれるようになってくるとも思います。

本当に少し前までは、本章で述べた「NG フレーズ」が職場では普通に使われていました。だからこそ、上司のみなさんは、「世代間のギャップ」を理解するだけでなく、「NG フレーズ」を意識して使わないようにする必要があります。

Ｚ世代メンバーは、日本の低成長時代しか知りませんので、会社への期待は想像以上に少なめですし、自分自身のキャリアは自分で創ろうとしていることが多いのが実情です。会社から育つ場を与えられることしか経験していない昭和生まれの世代は、正直、はじめは面食らってしまうと思います。

でもここで、上司のみなさんには、Ｚ世代メンバーに対して「心をオープンにしてほしい」のです。イヤミなんかを言っている場合ではありません。「一人の人間としてメンバー一人ひとりと真正面から向き合う」ことが求められているのです。こう書きながらも、わたし自身も日々苦闘しています。わたしたちは、「ピラミッド組織の呪縛」とか「上司のメンツ」とかで、自分自身を自分で知らず知らずのうちに縛りをかけています。もうギュウギュウです。そこには、「対立」や「説得」や「怒り」しか生まれません。今すぐに、一人の人間として、自らを解き放ちましょう。そうすれば、「共感」、「感動」、「笑顔」の世界に少しでも近づいていけるはずです。

わたし自身も、上司が弱みを見せたときに初めて、「この人、人間だったんだな」と妙な親近感が湧いた経験があります。その上司は抜群に優秀でスキがまったくない人だったのですが、あるとき、わたしの前でふいに弱音を吐いたのです。未だによく理由がわからないのですが、まさにその瞬間に、「この人のために何とかしたい」という強い感情が芽生えたんです。

だから、わたしも少し力を抜いて、学生のみなさんの前で素直な自分の気持ちをさらけ出すようにしています。ちなみに、トヨタの島田さんも「鎧（よろい）を脱ぐ上司」に挑戦している同志です。「うわっ、どうしよう。困った～」、「やばい、助けて～」、「涙が出ちゃいます。うれしい～」という具合に、毎日、関係者全員が見る投稿欄にどんどんチャットしているそうです。リアクションで使う記号も、95%以上はハートマーク。実はこれって、かなり恥ずかしいらしいです。はじめは、「こんなことしていいのかなあ」と自分自身への抵抗感もかなり強かったようですが、「実際にやってみたら、すごくステキなメンバーが周りにどんどん集まってきてくれるようになったんです。」と満面の笑みで話をしてくれます。自分自身が知らず知らずに身につけてしまっている「上司の鎧(よろい)を脱ぐ」ことの大切さを実感する事例です。

3.6 Q&A タイム

講演後のわたしと聴講者とのやり取りです。

Q1：藤原さんと学生さんとの関係が非常にフラットに感じたのですが、実際はどんな感じでしょうか？　メンバーとのコミュニケーションの参考にしたいです。

A1：学生と就活の面談練習をしたときに、「藤原先生はわたしを一人の人間として見てくれている。うれしい」と言われたことがあります。多くの先生は教壇に立ち、教える、指導する。知らず知らず上から目線となっているような気がしています。わたしは、学生さんも含めて、ご相談いただく方の困りごとを解決したり、一緒に考えたりするのが使命だと思っていますので、ただそれをやっているだけです。ですが、このことが結果的に、学生さん一人ひとりを「まさに一人の人間としてみている」ということや、お互いに尊重し合うという接し方につながっているのかもしれません。

Q2：短期間で急成長した学生さんの例を教えていただきたいです。

A2：学生さんたちには、「就活ツール」を渡しています。例えば、学生時代に頑張ったことや力を入れたことを書く前に、自分自身のことを整理するツールを渡したり、研究の場合には「研究概要整理メモ」というものを使って整理してもらったりしています。そのうえで、エントリーシートに対して会社の立場から見たときの想定質問を示します(例えば、「それは世の中の何に役立つのか？」、「それはいつ実現させたいのか？」など)。

そして、これらを使って実際に面接練習をします。最初はたどたどしい感じで始まるのですが、自分で書いたものを見ながら何度も話しているうちに学生自身の力が上がってくるのがわかりますし、本人も成長を実感するようになってきます。この本人の成長の実感が強ければ強いほど、本当に短期間で驚くような結果につながっていきます。

蛇足ですが、こうした様子を見ているとわたし自身も気持ちが若返っていくのが実感できます。こうした先生冥利に尽きる瞬間に今は感謝しかありません。

Q3：現場でよく言われる「しつけ」について、不安全行為ややってはいけないことをやっているのを見たときには、叱ってもいいのでしょうか？ハラスメントがどうしても心配になります。

A3：それは、叱るべきです。ただし、ただ叱るのではなく、なぜそれをやってはいけないのかを誠意をもって伝えてほしいです。ご本人は、納得すれば必ず動いてくれるはずです。また、本人のメリットに絡めて指導をしていくことが有効な場合もあります。一人ひとりに、人間として向き合っていくことが大切です。

【藤原教授のひと休みコラム3】

女子バレーボール部メンバーのリアルな会話

名古屋工業大学女子バレーボール部、現在3年の、わか、はるひ、ゆみです。

はるひ：最初に「仕事の進めカタ」を使ったのは、新入生歓迎イベントだったよね？

ゆみ　：そうだね。広報担当としては、「親しみやすいイメージに！」という方針が決まっていたから、ビラやSNSの投稿作りがすごくしやすかったな！

わか　：小さな団体だけれど大勢体験会に来てくれたし、大学内で女子バレーボール部の存在感は十分示せた！　今は「全国工業大学女子バレーボール部大会・交流会」を企画中だね。

ゆみ　：「プロジェクト・業務企画メモ」に沿って書くことで、無意識に企画を掘り下げて考えることができた！　見せるだけで実現イメージがしっかり2人に伝わった気がするな。

はるひ：直面する問題のイメージも明確になるし効率よく計画できたね！

わか　：正直手に余る企画だと思っていたけど、案外やることは見えてきた。今は、SNSで他の工業大学さんに声をかけて、返事もいくつか来てるね。

ゆみ　：ほぼ部員が私達3人しかいないときに思いついた、夢みたいなアイデアがまさか実現するかもなんて！　藤原さんにも具体的な気づきをもらえたね！

わか　：はるひは藤原さんの価値創造論の講義でもこのイベントについて考えているよね？

はるひ：そう！！　例えば、参加する女子学生を「お客様」の立場として捉えて、自分たちの企画しているイベントの価値を追究することができたよ。

ゆみ　：わたしとわかは去年受講したね！　受講後、当たり前だと思っていた物事の目的や本質を意識して考えるようになった。

わか　：仕事の進めカタを使うと目的や課題を共有することが出来るから、読めば完成イメージを共有できる。3 人の波長が合うからかもだけど、案外わたしたちでもここまでできるんだ、もっと積極的にいろんなことに挑戦しようって思えるね！！

名古屋工業大学女子バレーボール部の SNS

X(旧 Twitter)、Instagram ともに：@fwvolley_meiko

第 4 章

すぐに成果が出る「仕事の進めカタ」

@tadasy

本章では、「2 つのカタ」のもう一つ、「仕事の進めカタ」について、概要を説明します。

4.1　最善策は、NG フレーズを言わなくても済むこと

第3章では、「2つのカタ」のうち、「ものの言いカタ」について説明してきました。近ごろのマネージャーのみなさんが直面している三重苦状態(ハラスメントに過度に敏感、上司からの成果追求の激しさ、過去の経験が活かせない苦悩)に立ち向かうためには、「学生のみなさんが教えてくれた、たった3つの視点」が大切であり、ここを押さえるだけで NG フレーズが GOOD フレーズに変わっていく様子を感じていただけたかと思います。

でも今一度、ここで立ち止まって考えてほしいことがあります。それは、「上司 NG フレーズを言い換えることで終わってしまって、本当にそれでいいのか？」という点です。そもそも上司 NG フレーズは、文字どおり言ってはいけない言葉です。ですので、こうした NG フレーズの言い換えは、「部下の感情をできるだけマイナスにしないように配慮しながら、上司として言うべきことをしっかり伝える」ための表現をしているということです。少し回りくどい印象を抱く方もいらっしゃるのではないかと思います。本書の主旨である「シンプルさの追求」ということからすれば、やはり最善策は、「上司のみなさんの頭に、NG フレーズが浮かばない状態になる」ことだと思いますし、そのほうが心理的安全性が高いチームづくりにより近づくことができると思います。そのための具体的な手法が、これから説明していく「仕事の進めカタ」です。この手法も、「ものの言いカタ」と同様、「簡単導入・速効効果」が特長です。

4.2　「仕事の進めカタ」とはどんなツールなのか

まず、「仕事の進めカタ」の定義を確認しておきます。

「仕事の進めカタ」とは、仕事を上手に進めるための考え方･手順とこれらを視える化した思考ツールのことをいいます。メンバーに答えを教えるツールではなく、上司とメンバーが一緒に考えていくための共通の切り口をツール化し

たものです。

トヨタには、「上司と部下は知恵比べ」という大野耐一氏の言葉が伝承されています。あまりにステキなのでそのまま引用すると、「部下に何か一つ、命令なり指示を出すというとき、同時に自分もその命令・指示を受けたと思って考えにゃいかんぞ、ということをよく言って聞かせるんだ。」という言葉です。よくここで話が終わってしまうのですが、実は続きがあります。「そして、その知恵比べに負けた場合はあっさり負けた、と兜を脱ぐ」ことが大切だと。上司もあっさりとは負けたくないので真剣になります。あるテーマについて、上司とメンバーが真剣に勝負をする。この知恵比べが大切なんだということです。

一方で、上司と部下とではもっている情報にどうしても差が出てしまうので、「上司が有利なハンデ戦」になることが多いと思います。この「仕事の進めカタ」は、上司とメンバーとの間にありがちな情報格差問題を可能な限りイーブンな状態にすることができるツールでもあります。考えるための視点や切り口を上司とメンバー間で共有することで、メンバー一人ひとりが自分自身で考え抜く力を養うことができるだけでなく、上司も育つ。そんなツールなんです。

後ほど詳しく説明しますが、まずはイメージだけどうぞ(**図 4.1**)。

4.3　NG フレーズ封印の術

それでは、この「仕事の進めカタ」を使うと職場でのコミュニケーションがどのように変化していくのかを説明していきます。前述してきたような「上司 NG フレーズ」が言いにくくなる状況に自然となってしまうのが、わたし自身も不思議で、驚いています。わたしは、これを「NG フレーズ封印の術」と呼んでいます。ランキング上位のフレーズ 3 つを例に、言いにくくなる理由を解説します。

■どれだけ自分の頭で考えたの？(第 1 位)

→メンバー自身の頭で考えたことがすでに紙に書いてあるので、上司としては、よほどの期待外れの内容でない限り、この NG フレーズを発想しにく

仕事を指示するとき・受けるときの共有ポイント

1. 背景と目的

- 背景：職場の使命、方針、環境変化、上司の指示など
- 目的：何のため、誰のために行うのか？
- 最終のお客様まで、どのようにつながっているのか？

2. 目標（ゴール・達成基準）・達成時期

- いつまでに、何を、どんな状態（レベル）にするのか？
- 何が達成できれば成功したと言えるのか？
- 達成時期、〆切はいつか？

3. アウトプットイメージ

- 提供するモノ・サービスの具体的なイメージは？
- 資料の場合：何をどこまで記載するのか？資料サイズとページ数は？

4. 担当と主な節目

- 担当は誰か？どのように役割分担をするのか？
- 大きな節目（企画、準備、実施、振返りなど）はいつか？

5. 主な手順

- どのような手順で行うか？
- マニュアルなどの要領書はあるか？
- 企画、準備、実施、振返りなど各段階で何を行うか？

6. 進めるうえで必要なモノ

- どのような情報やツールが必要か？
- 本人の知識やスキルは大丈夫か？
- 相談相手は誰か？

7. 注意しておくこと

- 過去の失敗、リスクなど

8. 気になること・不明なことへの解決策ほか

- 自分のキャリアや能力向上との関係など

図4.1　「仕事の進めカタ」シートの具体例

くなってしまいます。空欄があったとしても、「あれっ、ここ空欄だね。どうしたの？」と素直に聞くことができます。

■何が言いたいのかぜんぜんわからない！（第2位）

→「仕事の進めカタ」シートが、業務に必要な視点に沿って整理されている

ため、メンバーが言いたいことは、自然と項目に沿って表現されるようになっています。メンバーの文章表現がわかりにくい場合には、「ここをもう少し詳しく教えてほしい」とリクエストすればよいので、この NG フレーズは非常に使いにくくなります。

■そもそも目的って何だったっけ？（第 5 位）

→「仕事の進めカタ」シートには、上司が仕事を指示するときに、上司が説明した「仕事の目的」がすでに記入されているので、この NG フレーズは、おそらく頭に浮かんできません。もし、メンバーが提案している対策が目的に対してピント外れの場合には、「○○さんの考えてくれた対策を実施すると、この目的はどれくらい達成できると思いますか？」とか「この対策は、目的に対して少しピントが外れているかなあと思うんだけど、○○さんの考えも教えてほしいなあ」という感じで、その場に応じた柔らかい表現が出てきやすくなります。

3 つの例を見てみましたが、「仕事の進めカタ」シートの凄さを少し感じていただけたのではないかと思います。そうなんです。あまり意識していなくても、不思議と NG フレーズが使いにくい状態になってしまうんです。「あまり意識していなくても」というのが重要です。なぜなら、これまでは、意識していないときに自然と頭に浮かんで来るのは、NG フレーズだったのですから。

実際にこのシートを使ってみた職場上司のみなさんからは、次のようなコメントが、驚きの声とともに寄せられています。

- 個人プレー中心だったあるメンバーが、シートの空欄部分を埋めようと必死になって、近くの先輩や同じような仕事をしている他部署メンバーにコミュニケーションを取り始めた。
- 実力的に「全項目を埋めることはできないだろう」と思っていたメンバーが、設定した期日にすべての項目を書いてきてくれた。自然と、「頑張ったなあ。ありがとう」という声が出た自分にびっくりした。
- 1 箇所だけ空欄があったのを一瞬不満に感じたが、割と素直な気持ちで、

「ほとんどの欄が埋まっているじゃないか。しかも、なかなかいい感じ。空欄が１つあるみたいだけど、何か困ったことでもあったの？」とメンバーに尋ねることができた。

一方で、職場メンバーに聞いてみると、こんなコメントが返ってきています。

- これまでは、「わからないことがわからない」という感じだったけど、ポイントがわかりやすくなったので、周りにも相談しやすくなった。
- 業務の目的が明確になっているので、空欄を埋めていくことに集中できるのがいい。もともと、検索力はあったほうなので、このシートは本当に使いやすい。
- この仕事は初めてだったので、頑張ったけど空欄ができてしまった。上司からは、「わからなければ空欄でいい」と言われていたけど、それでも、何かイヤミを言われるのではないかと不安に思っていた。実際には、できていなかった空欄のことよりも、できている所を認めてもらったので、本当にホッとして、空欄部分の上司アドバイスも素直に聞くことができた。

ぜひ、みなさんの職場でも試していただき、その効果を体感していただきたいと思います。

4.4 「ものの言いカタ」＜「仕事の進めカタ」

ここで正直に申し上げたいのは、第３章で紹介した「ものの言いカタ」と本章の「仕事の進めカタ」との関係です。結論としては、日常の職場では、「仕事の進めカタ」を中心にしてメンバーとコミュニケーションをとることをお勧めしています。あくまでも補完的に「ものの言いカタ」を使うのです。このほうが仕事自体にスピード感が出るし、職場全体の生産性も上がります。メンバーの成長やモチベーションアップも図れるというおまけも付きます。実際、学生のみなさんに研究室の活動で活用してもらっていますが、特にスピード面でかなりの効果が出ています。しかも笑顔が一杯なんです。トヨタが実践している「自工程完結(それぞれの工程で品質を完璧に造り込むこと)」がめざしているのは、生産性向上とモチベーションアップです。実は、この「自工程完結」をより実践的なツールとして整理したのが、この「仕事の進めカタ」です。「仕事の進めカタ」というだけあって、すべての仕事の基本がここにあります。

4.5 速効で効果が出る理由

では、この「仕事の進めカタ」を使うと、どうして速効で前述の効果が表れるのでしょうか？

その答えは、「仕事の進めカタ」の方法論にあります。「仕事の進めカタ」では、これまでは長年かけて経験を積まないと習得できなかった「考えるべき視点やプロセス(手順)」をまず一番はじめに学び、次に、OJT で実践的な能力をレベルアップさせていく」というやり方を採用しています。従来の長い時間をかけて経験を蓄積していく方法とは、まったくやり方が違います。考える視点やプロセスを常に意識して OJT が進んでいくので、教えるほうも学ぶほうも、自然と具体的で前向きな対話となり、結果的に、知識とスキルが多重的に蓄積されていきます。あわせて、成果も人財育成もよりスピードアップしていきます。

4.6 「仕事の進めカタ」が心理的安全性にも効く理由

「仕事の進めカタ」は心理的安全性にもよく効きます。実は、**第 2 章**にあったように、トヨタでも、「心理的安全性が高い＝ヌルい職場」という誤解がまだまだあります。とても大切なことですので繰り返し説明しますが、「ヌルい職場」のイメージは、和気あいあいとした雰囲気の中で、高い目標も与えられずにのんびりとしている職場です。一方で、わたしたちがめざしている職場は、「学習する職場」です。これは、チームのより高い目標達成のために必要なことであれば、率直な意見、素朴な質問、そして違和感の指摘が、いつでも、誰でも気兼ねなく言える、という意識が徹底されている職場を指します。**第5章**で「仕事の進めカタ」について具体的に解説していきますが、この「仕事の進めカタ」ツールを使うと、「高い目標設定」、「達成するために必要な視点の具体的確認」、「メンバー以外からの発言のしやすさ」、「メンバーが不意打ちを食わない安心感」などは、上司があまり気にしなくても、オートマチックに実現します。つまりは、心理的安全性の高い職場に必要とされる要素がほとんどパッケージ化されているんです。さらには、「感謝」、「褒める」といったことも、上司はより声掛けがしやすくなります。本当にメリットが多いツールなんです。

4.7 「仕事の進めカタ」の基本形は、「段取り・実行のカタ」

「仕事の進めカタ」には、次の4つのパターンがあります。

① 「段取り・実行のカタ」【本書では主にこのカタを説明していきます】
- 目的、目標を達成するための計画を明確にしたうえで実行していくという「仕事の進めカタ」の基本形。
- 若手がよく担当する業務(職場のエントリジョブ)の8割位はこのカタ。職層が上がっても、ある程度このカタで対応可能。

② 「改善のカタ(問題解決)」
- 今の仕事の中ですでに発生している問題を見つけ、解決に導くカタ。

③ 「改革のカタ(課題解決)」
- 半年から数年後という期間を見たときに解決が必要となる問題を見つけ、解決に導くカタ。

④ 「価値創造のカタ(価値創造型商品開発・事業企画)」
- 中長期的視野をもって、世界情勢や経営環境などの大きな視点から問題を見つけ、解決に導くカタ。

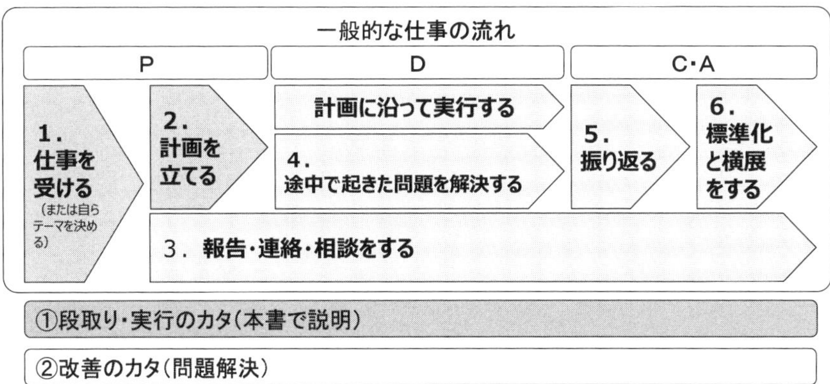

図 4.2 「仕事の進めカタ」の 4 パターン

そして、この①～④のカタは、**図 4.2** のように、ほぼ共通する「仕事の流れ(PDCA)」をもっています。本書では、次の**第 5 章**で、基本形である「①段取り・実行のカタ」を説明していきます。②～④のカタの詳細は、別の機会があれば紹介したいと考えています。

【藤原教授のひと休みコラム4】

社会人生活で活きた「仕事の進めカタ」

――名古屋工業大学創造工学教育課程を卒業し今年から社会人になった、りのさんとちささんの 2 名に当時の話を聞きました。

りの：大学で問題解決手法を学んだときに、絶対に仕事でも役に立つと思いました。多くの学生に知ってほしいと思う中で、「仕事の進めカタ」の存在を知りました。そこで、ちささんを誘って「仕事の進めカタセミナー」の企画・開催をしました。

ちさ：まずは、このセミナーの目的を考えました。目的を明確にすることで、セミナーの内容も自ずと決まって円滑に進められたと思います。

りの：企画している途中、アウトプットイメージの共有ミスでやり直しが発生してしまったこともありました。しかし、再発防止のための仕組みづくりをしたことでその後は大きなトラブルが起きなかったのはよかったなと思います。

ちさ：セミナーでは学生が抱える研究活動に焦点を当てて、「研究計画検討メモ」を活用してもらいました。これは研究活動に焦点を当てた「仕事の進めカタ」になります。これを参加者に実践してもらい、最終的に工程表を作ることで、いつまでに何をすべきかを明確化させて研究活動の手助けができたと思います。

――りのさん、ちささんは新社会人になって 3 カ月経ちましたが、「仕事の進めカタ」が社会人生活で活かされたことはありましたか？

りの：そうですね…、上司に話をする際に「報連相の進め方のポイント」が役立ちました。本題を話す前に、承認がほしいのか、助言がほしいのか、情報共有したいのかを伝えるようにすることで、円滑にコミュニケーションが取れています。

ちさ：「目的を明確化する習慣」に救われました。取引先に納期を確認する仕事を任された際に、複数の取引先から「納期確認の目的」を尋ねられました。詳細を知る社員が近くにいない中、目的を把握していたことですぐに回答ができ、円滑に話を進められました。もし「頼まれたことだけやる」という意識だったら、確認作業や電話の折り返しというムダが発生するところでした…。

りの：お互い「仕事の進めカタ」が役に立っているんですね。これからも学んだことを活かしながら、仕事に取り組んでいきたいですね！

第5章

「仕事の進めカタ」のツール集

@tadasy

本章では、「仕事の進めカタ」で使用するツールを紹介します。

5.1 「仕事の進めカタ」ツールの概要

今回ご紹介する「仕事の進めカタ」ツールは、仕事の流れ(PDCA)に合わせた13種類と、その他6種類の合計19種類です(**図5.1**)。みなさんの仕事のシーンに合わせて、これらのツールを活用することで、「簡単導入・速効効果」をメンバーと体感・共感しながら、仕事を進めていくことができます。

なお、各ツールは紙面の都合上、用紙サイズを変更したり、メモ・記入欄を縮小・省略したりしています。実際のツールは、日科技連出版社ホームページからダウンロードしてご覧ください。

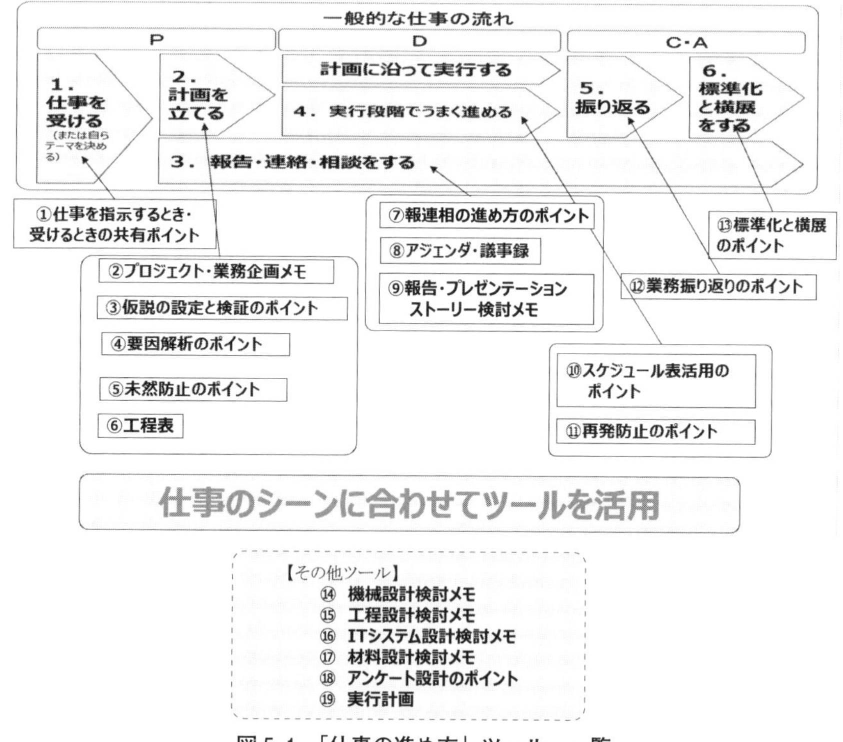

図5.1 「仕事の進め方」ツール 一覧

5.2　ツールの紹介

1 仕事を受けるときのツール

①　仕事を指示するとき・受けるときの共有ポイント（図 5.2　種類：ポイント）

(1)　ツールの概要

まずは、仕事の入り口となる「仕事を指示する・受ける」ときに用いるツールです。ここがうまくいかないと、のちのち、上司からすれば「うまく仕事を渡せていなかった」、メンバーからすると「しっかり受け取れていなかった」となってしまいがちです。このときに、まず確認すべきは、目的とその裏にある背景、そして目標です。また、ゴールや達成基準、達成時期も確認が必要です。こうした内容がすべて上司とメンバーとで共有されて初めて、具体的なアウトプットイメージを検討していくことができます。この入り口でうまくいかなかったら、上司としては、「そもそも目的って何だっけ」と言いたくなりますし、メンバーとしても、「やらされ感ばっかりで、成長感のない仕事だな。やる気が出ない」となってしまいます。

(2)　ツール使用上のポイント

1)　背景や目的を誰がメンバーに伝えるのか？

日常の職場では、背景や目的を上司からメンバーに伝えずに、検討してほしいことだけを一方的に伝えるケースが頻発します。上司視点からすれば、「メンバーには年初に方針や背景を説明している。それくらいは、改めて説明しなくても大丈夫なはず。」ということだと思います。ただ、本当にそうなのでしょうか。指示された内容と上位方針との紐づけを本当にメンバーが考えるのがよいのか、という問題です。

仕事を指示するとき・受けるときの共有ポイント

1. 背景と目的

- 背景：職場の使命、方針、環境変化、上司の指示など
- 目的：何のため、誰のために行うのか？
- 最終のお客様まで、どのようにつながっているのか？

2. 目標（ゴール・達成基準）・達成時期

- いつまでに、何を、どんな状態（レベル）にするのか？
- 何が達成できれば成功したと言えるのか？
- 達成時期、〆切はいつか？

3. アウトプットイメージ

- 提供するモノ・サービスの具体的なイメージは？
- 資料の場合：何をどこまで記載するのか？資料サイズとページ数は？

4. 担当と主な節目

- 担当は誰か？どのように役割分担をするのか？
- 大きな節目（企画、準備、実施、振返りなど）はいつか？

5. 主な手順

- どのような手順で行うか？
- マニュアルなどの要領書はあるか？
- 企画、準備、実施、振返りなど各段階で何を行うか？

6. 進めるうえで必要なモノ

- どのような情報やツールが必要か？
- 本人の知識やスキルは大丈夫か？
- 相談相手は誰か？

7. 注意しておくこと

- 過去の失敗、リスクなど

8. 気になること・不明なことへの解決策ほか

- 自分のキャリアや能力向上との関係など

図 5.2 仕事を指示するとき・受けるときの共有ポイント

わたしは、第３章で述べたように、上司が伝えるべきだと思っています。会社組織全体の中期方針などを考えるのは経営層の役割ですが、これらの組織方針とメンバーの実務との関係は、その都度、上司がメンバーにしっかりとかみ砕いて伝える必要があると考えているからです。しかしながら、これをやって

いない上司が極めて多いのも実情です。経験上、「ぼくの職場は大丈夫」と言っている上司ほど、実際にはできていないことが多いです。みなさんも、このツールで、セルフチェックをしてみてください。謙虚な姿勢で眺めてみると、きっと新しい発見があると思います。

2)　チャレンジングなテーマが出て来ない問題

よく上司が「チャレンジしよう！」ということを言います。でも一方で、その上司に部方針の担当テーマを打診してみると、「こんなのチャレンジになっていない」と一刀両断されてしまったということもよく聞きます。そもそも方針管理という仕組みの中では、上司たちが決めたチャレンジングな方針がブレークダウンされてメンバーの担当業務まで下りてくるものです。ですので、本来は、メンバーの方針関連業務は、チャレンジングで当たり前のはずなんです。

例えば「コスト２分の１で競争に勝て」という方針があったとします。メンバーは「なんで２分の１？」と思いつつ、これにチャレンジするんです。リードタイム半減も同じです。もしメンバーが提案してきた内容がチャレンジングでなければ、上司自身は、「自分が方針を具体化して伝えていなかったんだ」と反省しなければならないと強く思います。みなさんは、メンバーに業務をアサインするときは、はじめは面倒くさいと感じるかもしれませんが、このツールを使ってしっかりメンバーに伝えてほしいです。回り道のように思えてしまうかもしれませんが、ゴールには必ず早く到着します。もちろん、レベルの高いメンバーには、背景と目的を伝えてゴールを考えてもらうのもありです。ただ、どんなメンバーであっても、「全部考えろ」というのは、ただ仕事を「丸投げ」しているだけであり、上司の姿勢としては尊敬できるものではないと思います。

またトップから「業務改革やれ」、「人財育成しろ」、「売上上げろ」、「新規事業考えろ」とよく指示が来ると思います。でも、この指示って、よく考えてみると、いつでも誰でも言える内容です。10年前から同じことを言われていましたし、多分20年前でも同じだったと記憶しています。なんなら、新入社員でも言えますよね。上司のみなさんは、自組織の上位方針をどのようにメンバーに伝えていったらよいかということを、この仕事の入り口で真剣に考えるべきです。業務改革をしたいのであれば、例えば、「背景は電動化でグローバル競合に勝つことだ。そうすると当社ではわたしたちの組織のここがウィークポイント。だから、その部分のリードタイムを半分にしよう。一緒にやろう。」と、こういうことをきちんと伝えていくことが大切です。

(3) 具体的な使い方(例)

このツールは以下のように使います。

ⅰ) 報連相に来るときには、この手順で進めるように、事前にメンバーに伝えておきます。

ⅱ) このツールを机上に置いて、各項目の内容をメンバーと一緒に確認しながら、話を進めます。そのとき、メンバーにメモを取ってもらうとともに、メンバーの言葉で各項目を話してもらい、理解度を確認します。

ⅲ) 今回の進め方をメンバーと振り返りをします。この振り返りが、メンバーの成長と上司の成長につながっていきます。

2 計画を立てるときのツール

② プロジェクト・業務企画メモ(図5.3 種類：メモ、テンプレート)

(1) ツールの概要

このツールは、仕事の受け渡しが終了後、計画検討を始めるときに考えておくべきことを整理したものです。はじめの段階から上司とずれてしまっていると、一からやり直しになる確率が極めて高い項目が並んでいます。

実際にこのテンプレートを使用したZ世代メンバーからは、「経験のない仕事にもかかわらずマニュアルや手順書がない状況だったので、正直、心配しな

プロジェクト・業務企画メモ

作成年月日

作成者

1. プロジェクト名または業務名

2. 背景と目的

(1) プロジェクトまたは業務の背景は？ ※事実・データを含む

(2) これまでの取組みは？(やってきたこと、目標達成状況、できたこと、できなかったこと、その原因と対策案、残された課題、標準化と横展など)※事実・データを含む

(3) プロジェクトまたは業務の目的は？(誰のためか？ 何のためか？)

・このプロジェクトまたは業務によってメリットを受ける人は誰か？(複数の場合もあり)

・その人はどのようなニーズ(要求・期待)を持っているか？(メリットを受ける人が複数の場合はそれぞれのニーズを列挙する)

・今回はどのニーズに対応するか？(優先順位を付ける)

3. 目標(ゴール)

(1) 目標(ゴール)はどんな状態か？(達成レベル)：Q(品質)、C(コスト)、D(量)

(2) いつまでに実現するか？(達成時期)：D(納期)

4. 制約条件・前提条件

(1) 予算枠(C)・時間と人数(C)・安全(S)・人材(M)・環境(E)・コンプライアンス(C)・道具などの制約条件、前提条件は何か？

5. 基本方針(基本的な考え方や戦略)

(1) どのような方針や考え方、戦略で進めるのか？

6. アウトプットイメージ

(1) プロジェクトまたは業務のアウトプット(モノ・サービス)はどんなイメージか？

(2) アウトプットの目標(モノ・サービスの仕様・要件など)は何か？

図 5.3 プロジェクト・業務企画メモ

7. 解決すべき問題・課題とその原因・解決策

(1) 目標(ゴール)を達成するためには、どのような問題・課題があるのか？(複数列挙)

なぜそれが問題・課題と言えるのか、その根拠・理由は？※事実・データを含む

【補足説明】

・問題解決：要因解析(なぜなぜ分析)を行い、原因を見つけて対策する

・課題解決：目標達成のための攻め所を見つけて実行する(要因解析がしにくいもの)

(2) 【問題の場合】その原因は？

【課題の場合】課題解決のための攻め所(重要成功要因)は？

なぜそれが原因・攻め所と言えるか、その根拠・理由は？

(仮説と検証結果、要因解析結果など)※事実・データを含む

(3)それぞれにどのような解決策が考えられるか？(解決策の根拠・理由を含む)

8. 推進体制・役割

(1) どのような推進体制にするのか？(リーダー、事務局、メンバー、アドバイザー等)

(2) それぞれの役割は？

9. 意思決定ルート

(1) どのようなルートで意思決定するのか？

(2) 最終決定者は誰か？

10. 主要な関連組織・会社

(1) 協力をもらう、連携をするなど、関連する組織・会社はどこか？

11. ベンチマーキング

(1) プロジェクトまたは業務を企画するにあたって、参考になりそうな相手はどこか？

(2) 何を参考にしたいのか？

図5.3 つづき1

12. 主要なリスクと対応

(1) プロジェクトまたは業務を企画、推進するに際してどのようなリスクがあるか？(過去の失敗、類似の業務での失敗、前回からの変化点から予測されるリスク、進めていく途中で起こりそうなリスクなど)

それぞれのリスクにどのように対応するか？

13. 効率化・原価低減・工数削減

(1) これまでや通常の方法と比較して効率化・原価低減・工数削減できるところはないか？

14. その他

(1) その他の気になることは？

15. 主な実施事項とスケジュール(大日程)、予算

(1) 主な実施事項とスケジュールは？　例：計画(企画)立案、準備、実施、振返り

(2) 予算

図 5.3　つづき 2

がら進めていたが、プロジェクト・業務企画メモを活用して自分の考え方を整理することができた。上司からも適切なアドバイスをもらうことができ、以前より自信をもてるようになった気がする」というコメントが寄せられています。やはり、Z 世代をはじめとする若手メンバーを見てみると、経験のないことに対して強い苦手意識をもつメンバーが多いのも事実です。しかも、実際の職場では、一つひとつの担当業務にマニュアルがないことも多いと思います。このツールを使用すると、「必要な情報を検索するのが得意」という Z 世代の特長を活かすことができるだけでなく、不安感の高いメンバーに自ら行動する勇気を与えることも可能になると考えています。

(2) ツール使用上のポイント

1) 「目的を考えろ」と言われて困ってしまうメンバー

1～6の項目は、メンバーの担当業務経験が浅いと漏れてしまうことが多いので、注意が必要です。特に、「2. 背景と目的」については、上司から一言で「目的を考えろ」と言われてしまったりすると、悩んでしまうメンバーも多く見られます。このツールを使うと、こうした「目的」をどのように考えたらよいのかという具体的な視点と手順がわかります。細かくいうと、意外と「(2)これまでの取組みは？」の項目のうち、特にその職場でこれまでやってきたこと、目標達成状況、できたことやできなかったこと、その原因と対策案、残された課題、標準化と横展などが抜けたりします。業務としてずっと継続しているものはあまり抜けないのですが、数年に一度とか低頻度で実施するものは、担当者も変更になっていたりしています。そのようなポイントを上司とメンバーとで一緒に調べていこう、ということです。

「(3)プロジェクトまたは業務の目的は？(誰のためか？ 何のためか？)」は、相手が複数人の場合もあり。価値連鎖の要素もあります。複数人だとニーズもそれぞれ違いますので、誰のニーズに対応していくのかということが、上司とメンバーとでずれていることが意外と多いです。

例えば、課長研修企画という業務について上司とメンバーで話をしているとします。

上司：お客様は誰ですか？

メンバー：受講者です。

上司：研修結果を図る指標は？

メンバー：受講者満足度です。

上司：受講者が満足しただけでいいのかなあ。他に大事なものがあるかも…。
お客様は受講者だけではないと思うよ。

という感じです。このケースの場合、研修後、受講者(＝課長)が自職場に戻り、直接影響を受けるのはそのメンバーや部長です。受講者だけではなく、受講者の部下や部長もお客様だと考えて企画を検討していく必要があります。課長研修を研修内容だけではなく、もっと広く、目的から考えようということです。最初はメンバーの独力ではわからないことがあっても、上司が一緒になって、このツールに記載されている項目に沿ってコミュニケーションをしていくことが重要です。

2) 「最後の意思決定者は誰？」問題

「9. 意思決定ルート」も、特に新規案件だと、決まっていないことが意外に多い項目です。「何でもかんでも俺のところにもって来るな！」と、昔はよく言われましたが、だからこそ、先に意思決定ルートを決めておく必要があります。例えば、現場に近い判断をスピード感をもって行う必要があるなら、部長は事後報告でOKのルート、ちょっと時間がかかっても大局観が必要なら部長またはその上に諮るルートなど、業務の性質に合わせ、企画の初期段階できちんと意思決定ルートをデザインしておくことが重要です。

3) ベンチマーキングとリスク対応

「11. ベンチマーキング」については、初めて実施することなら、他社や他部署がうまくやっていれば、そこを参考にしたほうがいいと思います。
「12. 主要なリスク対応」は、あとで「しまった」となることを減らすためにリスクヘッジするということです。もし、リスクに対し事前に対策するとともに、実際にリスクが起きてしまったら、どうするのかを事前に考えておくことが大切です。

4) 業務効率化を企画段階から考える

「13. 効率化・原価低減・工数削減」は、トヨタらしい項目かもしれません。「新しく考える企画」だからこそ、何か効率化できないのか、ムダはないのかなどを企画段階でしっかりと考えてみましょう。

5）「このメモ、本当に若手が書けるのか」問題

実は、このメモですが、名工大の学生のみなさんにも使ってもらっています。数年前、女子バレー部のメンバーから、「新人部員を集めたい。SNS 掲載とかイベントをやりたい」という相談がありました（**コラム３**参照）。「それなら、ちょうどいいのがあるよ～。プロジェクト・業務企画メモで書いてね」ということで、メモを渡しました。その１週間後、女子バレー部メンバー３人で議論した内容を持って相談に来てくれました。「結構しっかり使えているぞ！」が第一印象でした。「この手法で整理するともう少しよくなるよ。」とマーケティング手法も教えると、また１週間後に来てくれて、かなり完成度の高いプランができていて感動しました。

このようにうまく進むケースは珍しいのかもしれません。でも、はじめから、きれいに書く必要はまったくありません。メモと名付けたのは、「ちゃんとした企画書ではなく、落書き程度でちょうどいい。さくさくメモして、自分の頭を整理して相談してほしい。その回数を増やして、よいアウトプットといい感じの人間関係を作っていこうよ」という想いを込めたからです。実は、この考え方、とてもアジャイル的です。今は、先行き不透明で正解がわからない時代です。こうした中、職場メンバーは一緒になって高い目標に挑み、失敗を繰り返しながら、それでも前を向いて進んでいく必要があります。いわゆるウォーターフォール型と呼ばれる、「工程を個々に終了させていき、原則後戻りはしない仕事の進め方」ではなく、「PDCA を高速回転させながらアジャイル的に動く」ことが重要です。そして、老若男女を問わず、こうした動きができるメンバーが一人でも多く育っていくと、日本の未来もかなり明るくなっていくのではないかと思っています。

(3)　具体的な使い方

1）　使い方

このツールは以下のように使います。

ｉ）　このツールを使って、自分の考えを整理してみるように指示する（箇条

書きでOK)。「一度、これで書いてみて～」という感じがよい。

ii）わからないところは空欄でよいことを伝える。

iii）次回の相談日を決める(作成期間2～3日が目安)。

iv）メンバーに内容を説明してもらい、アドバイスを行う。

v）このツールを使ってくれたことに感謝する(→習慣化へ)。

vi）メンバーの強み・伸ばすべき点を把握する(→メンバーの成長へ)。

特に、ii)の「空欄でよい」と明確に言うことが重要です。「いやー、うちのメンバーは全然相談に来ないんだわ」という話をあっけらかんとしている上司をよく見ますが、このケースの場合、いつまで待っていてもこの上司のところにメンバーが相談に来ることはありません。なぜなら、ちゃんと資料ができていないのに上司のところへ行くというのは、本人にとってかなりのストレスとなるからです。ということで、iii)の「相談日」は上司が決めるとよいです。メモ自体は、まったく一からの業務ではなかったり、少し考えたことがある内容であれば、1時間程度で書けると思います。とにかく書いて、早めに相談してもらいドンドン中身を決めていく。これがいいと思います。そして、v)の「このツール使用に感謝」することで、次に使ってくれる確率が上昇し、習慣化につながります。このツールは、生産現場でも十分使用できるツールだと思っています。

2)　記入イメージ(例)

図5.4は、あくまでも一例ですので、イメージとして受け止めてください。特に、グラフはなくてもいいし、必要なら別紙としてもOKです。とにかく、自分の頭に思い浮かんだことをためらわずに書き込んでいくことが大切です。新しいことをやるときは、まずはこうしたものを書いてから動くとうまくいきます。正解を答えていくイメージではなく、「さらさらメモ感」を大切にしてください。

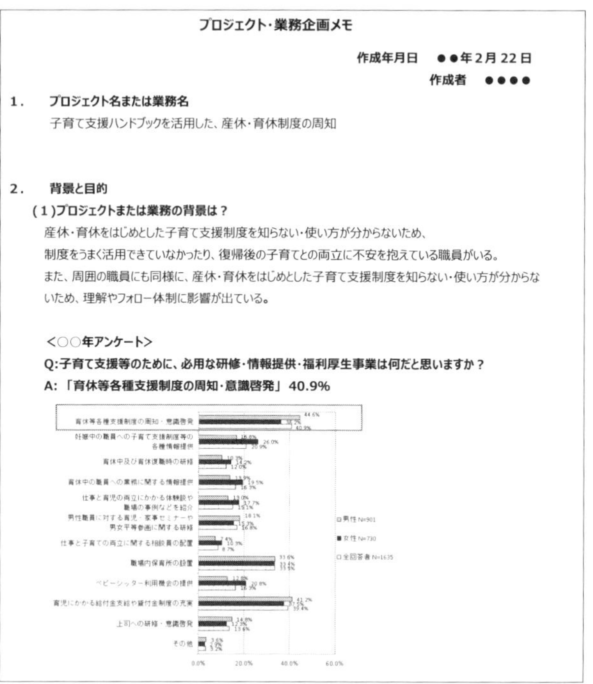

プロジェクト・業務企画メモ

作成年月日　●●年２月22日
作成者　●●●●

1.　プロジェクト名または業務名

子育て支援ハンドブックを活用した、産休・育休制度の周知

2.　背景と目的

(1)プロジェクトまたは業務の背景は？

産休・育休をはじめとした子育て支援制度を知らない・使い方が分からないため、制度をうまく活用できていなかったり、復帰後の子育てとの両立に不安を抱えている職員がいる。また、周囲の職員にも同様に、産休・育休をはじめとした子育て支援制度を知らない・使い方が分からないため、理解やフォロー体制に影響が出ている。

<○○年アンケート>

Q:子育て支援等のために、必用な研修・情報提供・福利厚生事業は何だと思いますか？

A:「育休等各種支援制度の周知・意識啓発」40.9%

図 5.4　プロジェクト・業務企画メモ活用事例(一部抜粋)

③　仮説の設定と検証のポイント(図 5.5　種類：ポイント)

最近、「仮説を立てろっていうけど、どうやって立てるの？」、「そもそも立て方がわからないので教えてほしい」といった相談をたくさん受けます。

このツールを使うことで、現状で把握している事実と自分自身の知識で先読みし、「こうなりそうだ」という仮説を立てて検証していくことができます。変化が激しく先行き不透明な経営環境においては、この「仮説と検証」を用いた問題解決手法が威力を発揮することがあります。仮説を先に設定することで、より効率的に問題解決ができるという利点も魅力的です。

仮説の設定と検証のポイント

【仮説の設定】

1. **原理・原則・メカニズムから考える**
   - 原理・原則・メカニズムに基づくことで、より精度の高い仮説を立てることができる
2. **相手の立場に立ってみる**
   - お客様や関係者など相手の立場に立って、何が重要なのかを考える
3. **類似のものから推定（類推）する**
   - 類似の構成や構造、環境などを持ったものから仮説のヒントを得る
4. **良いものと良くないものを比較し、違いを見つける**
   - 良品・不良品、成功しているもの・失敗しているものなどを比較し、違いを見つける
5. **データから規則性や傾向を見つける**
   - データを分析することで、規則性や傾向を見つける
   - グラフや統計手法（回帰分析、多変量解析など）、ビッグデータ解析手法などを活用する
6. **フレームワークを活用する**
   - 数式、概念に基づいたフレームワークや既存のフレームワーク（4M、マーケティングの4Pなど）を活用する
7. **自分自身の経験や知見から考える**
   - 1～6ができないもの、又は1～6を考えたうえで行う
   - 単なる思い付きにならないように注意する

【仮説の検証】

1. **事実・データで確認する**
2. **トライ（実験）した結果で確認する**
   - 検証の種類に応じて、ふさわしいトライ（実験）方法を考える
     【検証の種類例】
     ①変数間の関係（説明変数と目的変数の関係など）
     ②条件の違いによる結果の比較（実験条件と結果の関係など）→比較対象の設定が必要
     ③集団の違いによる特性の比較（多い、少ないなど）→比較対象の設定が必要
   - 複数の検証方法を比較し、最適な方法を選択することも有効
3. **原理・原則・メカニズム・フレームワークから推測し、合理的・論理的に判断する**
   - 1，2ができない場合はこの方法で考える
   - 但し、精度はそれほど高くないこともあるため注意が必要

図 5.5　仮説の設定と検証のポイント

④　要因解析のポイント（図 5.6　種類：ポイント）

トヨタで有名な「なぜを５回繰り返す」ですが、最も大切なことは、問題を発生させた真因を追究し、根本的な解決を図ることです。「なぜ」が３回で終わることもあれば、何回繰り返してもダメなこともあります。単に５回繰り返せばいいということではありません。このツールを使うことで、より具体的で実践的な「なぜ」を繰り返すことができるようになり、人財育成にもつながっていきます。

要因解析のポイント

1. 一次要因の洗い出し（列挙）
- どのような切り口が考えられるか？
- 切り口を考えるコツ
  ・原理原則・メカニズムから仮説を立てる
  ・既存のフレームワークを活用する（数式、概念など）
- 切り口に漏れはないか？（ここで漏れていると問題は解決できない）
- 切り口に重複（ダブり）はないか？

2. 要因の深掘り（二次要因以降）
- それはなぜか？
- 思いつく要因を付箋紙などに書き出したうえで、整理することも有効
- 漏れや重複を防ぐために、一次要因と同様に原理原則・メカニズムや既存のフレームワークをもとに考えることも有効
- チェックポイント
  ①「なぜ」を右から読み返して「だから」でつながるか？
  ②具体的な表現になっているか？
  ③対策がイメージできるまで掘り下げているか？
  ④対策するものは、人の意識の要因で終わっていないか？
  ⑤最後は自責で要因を掘り下げているか？

3. 要因の検証
- 3つの検証方法
  ①事実・データで確認
  ②実験やトライアルで確認
  ③原理原則・メカニズムで想定し、合理的論理的に判断
  ※③は①②ができない場合に使う

4. 対策すべき要因（真因）の選定
- 要因の中でどれとどれを対策すれば、問題解決するのか？
- 問題解決への寄与度（対策効果）、実現性、リスクなどから判断する

図 5.6 要因解析のポイント

⑤ 未然防止のポイント(図 5.7 種類：ポイント)

未然防止とは、計画を進めるうえで起こりそうなリスクを想定し、あらかじめ対策を打っておくことで、そのリスク発生を未然に防ぐことです。このツールを使うと、未然防止を図ることができるだけでなく、実際にリスクが発生してしまったときにも、冷静な対応を取ることができるようになります。

未然防止のポイント

1. 計画を進める上で起こりそうな失敗は？
- 過去の失敗は？
- 類似の業務・モノでの失敗は？
- 前回との変化点・変更点は？
  それによって起こりそうな失敗は？
  （発生確率と発生時の影響の大きいものを優先）
- 進めていく途中で変わりそうなことは？
  それによって起こりそうな失敗は？
  （発生確率と発生時の影響の大きいものを優先）

2. 失敗を発生させないためには？
- なぜ発生するのか？（発生原因）
- 発生させないためには何をしておけば良いのか？
  （発生源対策）

3. 万が一失敗が発生しても影響を少なくするためには？
- あらかじめ何をしておけば良いのか？
  （影響軽減対策）

4. 失敗が発生した場合、どうすれば良いのか？
- 発生したことをどうやって知るのか？
  （誰が、いつ、どのように）
- 発生した場合に何をするのか？（発生時対策）

図 5.7　未然防止のポイント

⑥　工程表(表 5.1　種類：メモ(テンプレート))

このツールは、トヨタで標準的なスケジュール表をテンプレートにしたものです。「アウトプット」、「評価者」、「完了基準」を実施項目ごとに明確にし、スケジュール化していきます。

表 5.1 工程表の

業務名	
目的	
目標 （ゴール・達成基準）	

【凡例】上段：計画　下段：実績

実施事項			アウトプット	担当	完了基準	完了チェック	遅れ				
大分類	中分類	小分類			（セルフチェック基準）			1	2	3	4
課題（テーマ）の選定	課題案の作成（個人）		個人課題案	全員	全員の課題が提出されていること	○					
	グループ課題の選定		グループ課題案	全員	グループ課題が決定していること		●				
	技術士さんからのアドバイス		アドバイス内容	全員	アドバイス内容が明確になっていること						
調査	調査項目の明確化 ①現状 ②課題解決のための技術 ③その他		調査項目一覧表	全員	調査項目が明確になっていること						
	調査計画の作成 ①目的、内容、担当、期限		調査計画書	全員	調査計画が明確になっていること						
	調査	調査項目１	調査結果	Ａ君	調査結果が明確になっていること						
		調査項目２	調査結果	Ｂさん	同上						
		調査項目３	調査結果	Ｃ君	同上						
		調査項目４	調査結果	Ｄさん	同上						
		調査項目５	調査結果	Ｅ君	同上						
	調査結果の整理（第1回） ①調査結果 ②追加調査項目		調査結果整理表	全員	調査結果が整理されていること						
	追加調査	調査項目１	調査結果	Ａ君	調査結果が明確になっていること						
		調査項目２	調査結果	Ｂさん	同上						
		調査項目３	調査結果	Ｃ君	同上						
		調査項目４	調査結果	Ｄさん	同上						
		調査項目５	調査結果	Ｅ君	同上						
	調査結果の整理（第2回）		調査結果整理表	全員	調査結果が整理されていること						
企画提案	骨子目次作成		骨子目次	全員	企画骨子が明確になっていること						
	企画提案書作成		企画提案書	全員	企画提案書案ができていること						
	技術士さんからのアドバイス		アドバイス内容	全員	アドバイス内容が明確になっていること						
	企画提案書修正		企画提案書	全員	企画提案書が完成していること						
プレゼン準備１	プレゼンストーリー作成		プレゼンストーリーシート	全員	プレゼンストーリーが明確になっていること						
	プレゼン資料作成	パート１作成	パート１	Ａ君	プレゼン資料ができていること						
		パート２作成	パート２	Ｂさん	同上						
		パート３作成	パート３	Ｃ君	同上						
		パート４作成	パート４	Ｄさん	同上						
		パート５作成	パート５	Ｅ君	同上						

記入例（一部）

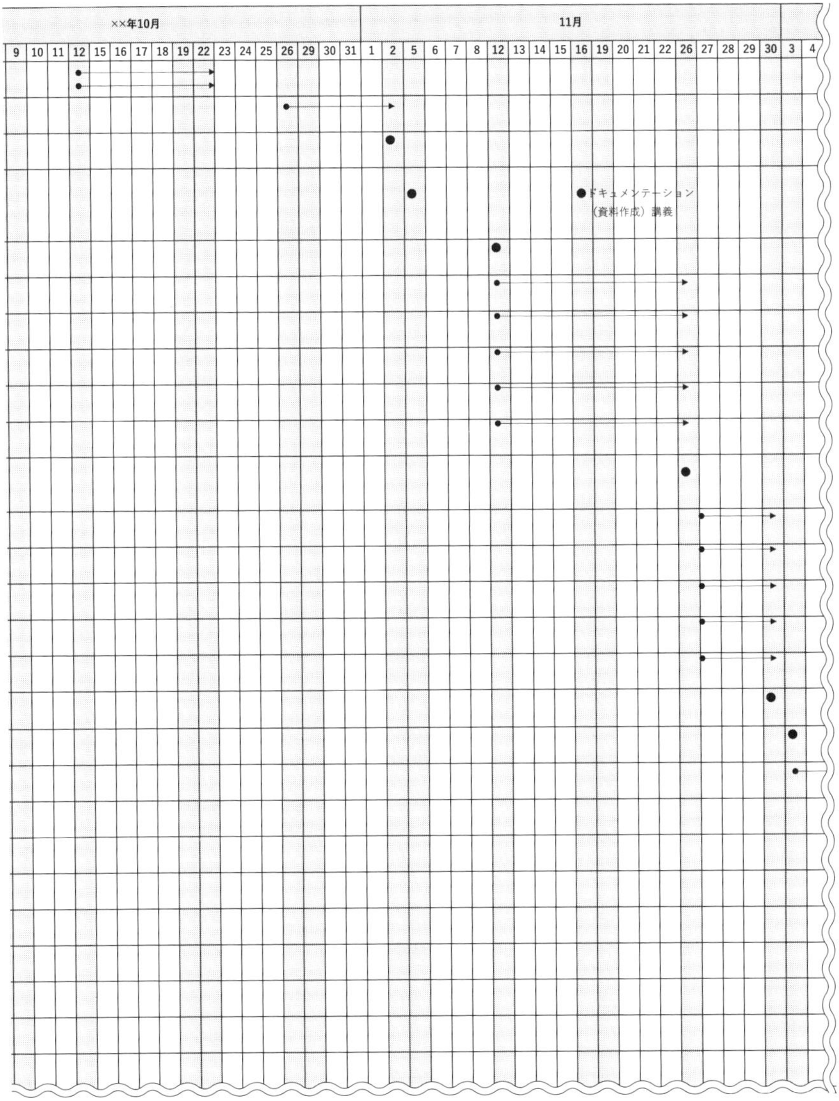

××年10月																	11月																					
9	10	11	12	15	16	17	18	19	22	23	24	25	26	29	30	31	1	2	5	6	7	8	12	13	14	15	16	19	20	21	22	26	27	28	29	30	3	4

●ドキュメンテーション（資料作成）講義

3 報告・連絡・相談をするときのツール

⑦ 報連相の進め方のポイント(図 5.8 種類：ポイント)

報連相で特に大事なのは、「バッドニュース・ファースト(悪い報告こそ優先してすぐに伝える)」や「問題がなくても情報シェアし合える」といったことが日常的に実行できるかどうかということです。そのためには、各メンバーが、

報連相の進め方のポイント

1. 本日の目的・ゴール
- 種類：承認・審議、相談、情報共有

2. 全体スケジュールと本日の位置付け
- 「大日程表」「業務プロセス」「業務計画書」等を活用

3. 前回の概要と指摘事項
- 「前回の議事録・メモ」等を活用

4. 今回の内容
- これまでの指摘事項や課題への対応
- 結論→理由の順で簡潔に説明
- 簡単な説明資料があると伝わりやすい

5. 決定事項と宿題
- 決定事項と宿題の復唱
- 宿題：いつまでに、何を、どうするか？
- 次回の報連相のタイミングは？

【留意点】
- 計画的、定期的な報連相にくわえて、問題が発生した時、発生しそうな時、困りごとがある時などは速やかに報連相を行う

図 5.8 報連相の進め方のポイント

「何を報告・相談しても大丈夫」と思えるような心理的安全性の高い職場づくりが必要です。このシートをきっかけとして、職場メンバーとコニュニケーションを図ってほしいと思います。

⑧　アジェンダ・議事録(図5.9　種類：メモ(テンプレート))

アジェンダ(議事)と議事録(会議内容のまとめ)をセットにしたテンプレートです。特に、次回の宿題事項や、今後の進め方については、終了間際で時間がなくなってくると、どうしても後回しになりがちですので、このシートを会議

議題（アジェンダ）・議事録

会議名				
目　的				
ゴール				
日時・場所	○年○月○日 XX:XX～XX:XX, Teams			
参加者	○○○○、○○○○、			
進行役	○○○○	書　記	○○○○	
議　題		項　目	時　間	担当者
	予定	本日の予定の確認	○分	
		○○○について	○分	
			○分	
			○分	
		次回の予定の確認	○分	
			○分	
			○分	
			○分	
	追加			
議事録	■議論内容と結論 ■宿題事項 ■今後の進め方			

図5.9　アジェンダ・議事録

参加者全員で共有しながら、全体進行をしていくことも大切です。

⑨ 報告・プレゼンテーションストーリー検討メモ(図 5.10 種類：メモ(テンプレート))

(1) ツールの概要

報告やプレゼンを頼んだり、頼まれたりしたときには、「いきなりストー

1／1

報告・プレゼンテーション ストーリー検討メモ

作成年月日 年 月 日
作成者

テーマ	
対象顧客	

1. 報告・プレゼンする相手にとってほしい行動(目的・目標)

2. 関連情報 (対象顧客の考え方やニーズ、その他の背景としてどのようなものがあるか？)

3. ストーリーのポイント(1を達成するための勘所は何か？)

4. ストーリー構成 (時間： 分)

目次	伝えたいこと(内容)	具体的な内容、図表・グラフなど	特記事項

図 5.10 報告・プレゼンテーションストーリー検討メモ

リーを作らない」というのがコツです。では、最初に何をしたらよいのか。それをまとめたのがこのシートです。

特に、会社の場合は、単に「知っておいて下さい」というよりも、相手に何らかの行動を促す内容を含むことが多いと思います。こうした基本からスタートすることで「何が言いたいのか全然わからなかった」というリスクを最小限にすることができます。

(2) ツール使用上のポイント

1) 働きかけたい対象者の解像度を上げる

資料づくりを進めていくうえで、「2. 関連情報」の収集も大事です。例えば、プレゼンの対象が他部署メンバーだったとしたら、「今、何に関心があるんだろう」とか「その背景はなんだろうか」といったことに思いをはせる必要があります。こうして、対象メンバーたちの具体的イメージをより鮮明にして解像度を上げれば上げる程、「こういうことが伝わっていれば相手は動いてくれそうだな」といったポイントがつかめてきます。もし、この解像度が曖昧だと、「他部署のメンバーたちも、「で？　何でこれやるの？」と言いたくなってしまいます。資料作成の前には、このシートをメンバーと一緒に見ながら、「気軽に話が聞ける他部署メンバーに軽く感想を聞いてみたらどうかなあ」など、具体的なアドバイスをお願いしたいと思います。

(3) 具体的な使い方

「3ステップ資料作成法」で進めます。

ⅰ）まずは、1～3項をメンバーに考えてもらい、アドバイスをする。

ⅱ）次に、4項を書いてきてもらい、アドバイスをする。

ⅲ）最後に、資料を作成してもらう。

ⅳ）今回の進め方を部下と一緒に振り返る(→メンバー・上司の成長へ)

ⅰ)～ⅲ)の順で進めていくのが「3ステップ資料作成法」です。そして、最後に、ⅳ)で資料作成の振り返りを行います。上司としての指導の仕方や、メンバーのこのあたりの能力が伸びたよね、ということが内容です。

Z世代や若手メンバーの気持ちは、「この職場で、自分はいかに成長できるのか」ということがキーワードです。自分が成長できる職場であれば、そこで残ろうとする。頑張ろうと思える。そうでなければ、他の居場所を探す可能性も高くなります。学生さんに「4日前より昨日の話し方はすごくわかりやすくなっていたし、その昨日よりも今日は、想定外の質問に答えられるようになっていて、すごく成長感があるね」と伝えたときに、その学生さんはめちゃくちゃ嬉しそうな顔をしていました。やっぱり人間、成長していくことは生きることなんですね。不老不死でもない限り、「時間は命そのもの」ですから、成長感の感じられない職場に在籍し続けることは、自分自身を大切にしていないことになってしまう。ぜひ、上司のみなさんには、メンバーの「命(＝時間)」を預かっているんだという強い気持ちで、日々、メンバーの成長を促していくことができるようお願いしたいと思います。

4 実行段階でうまく進めたいときのツール

⑩ スケジュール表活用のポイント(図5.11 種類：ポイント)

このツールは、ある学生さんからの「スケジュール表を作ったはいいのですが、どうやって使ったらいいのでしょうか？」という質問がきっかけとなって作成したものです。できあがったポイントを改めて見てみると、本当に大事なポイントばかりで、ビジネスマンの足腰となるスキルと言っても過言ではありません。しかも、日常の業務遂行ではどうしても優先順位が低くなってしまいがちな項目ばかりです。ここにあるポイントがすべてできるメンバーは本当に少ないと思うのですが、「職場で活躍できる/できない」の分かれ目は、実はこのシートにあるのではないかとも思っています。習慣化するまで粘り強くメンバーを勇気づけていただくよう、上司のみなさんにはお願いしたいです。

スケジュール表活用のポイント

1. 作成時にやること

- 全体の負荷を確認し、負荷が高い時期に対しては負荷の平準化を検討する
- 各仕事に想定されるリスクを明確にし、対策を考え、スケジュールに織り込む
- スケジュール作成に先立って「プロジェクト・業務企画メモ」を活用すると、質の高いスケジュールが作成できる
【役立つツール】
「未然防止のポイント」「プロジェクト・業務企画メモ」

2. 毎日やること

- 進捗状況を確認し、遅れなどの問題があれば対策する
- 同じような問題を発生させないために再発防止を行う
- 上記をふまえ、必要に応じてスケジュールを修正する
【役立つツール】
「仮説の設定と検証のポイント」「要因解析のポイント」
「再発防止の７つのポイント」

3. 節目・要所でやること

- これまでの取組みを振り返る
（目標達成状況、うまくできたこと・できなかったことなど）
【役立つツール】
「業務振り返りのポイント」「仮説の設定と検証のポイント」
「要因解析のポイント」「再発防止の７つのポイント」「決断のポイント」
- 報告の準備をする
【役立つツール】
「報連相の進め方」「報告・プレゼンテーションストーリー検討シート」

4. 仕事の完了時にやること

- 取り組み全体を振り返る
（目標達成状況、うまくできたこと・できなかったことなど）
【役立つツール】
「業務振り返りのポイント」「仮説の設定と検証のポイント」
「要因解析のポイント」「再発防止の７つのポイント」
- 標準化と横展をする
【役立つツール】
「標準化と横展のポイント」

図 5.11　スケジュール表活用のポイント

⑪　再発防止のポイント（図 5.12　種類：ポイント）

「再発防止をしたけど、ある役員から「こんなの再発防止になってないじゃないか！」と言われてしまった。どうしたらよいのか。」最近、このような相談も多いですね。こうしたケースのためにあるのが、この「再発防止のポイント」シートです。このシートを使うと、ステップごとにどういう要件を検討していけばよいのかが、上司とメンバーで共有できます。

再発防止のポイント

1. **どんなミスが出たのか？**

2. **どのようなミスまで再発防止をしたいのか？（目標）**
   1. レベル１：全く同じミスの再発防止
   2. レベル２：類似のミスを含めた再発防止

3. **そのミスは仕事の中のどのステップで発見されたのか？**

4. **そのミスが出ないようにするためには、あらかじめ何をしておけば良かったのか？**
   1. そもそもミスを発生させないためには？（原因と対策）
   2. 類似のミスを発生させないためには？（リスクの洗い出しなど）
   3. 万が一発生してしまっても、流出を止めるには？
   4. 原因発見の視点
      ①手順に抜けはないか？
      ②手順はあったが飛ばしていないか？
      ③必要なものに抜けはないか？
      （情報、ツール・道具、担当者の能力等）
      ④判断基準は適切か？

5. **その対策だけで十分か？　目標を達成できるか？**
   ①他の原因で同じミスが出る可能性は本当にないか？
   ②類似のミスが出る可能性は本当にないか？
   そのためにあらかじめしておくことは？

6. **その対策は確実にやれるか？**
   心配なら、あと何をしておけば良いか？

7. **担当が変わっても確実にやってもらうためには、何をしておけば良いか？**

8. **これらの対策を誰がいつまでにやるか？**

図 5.12　再発防止のポイント

5 仕事を振り返るときのツール

⑫　業務振り返りのポイント(図 5.13　種類：ポイント)

振り返りは、「それって、重要なの？」という感じで、少し地味な印象があるかもしれません。しかしながら、実は、業務の振り返りは、単なる反省とは違い、「現状の取組みを客観的に見つめ直し、これからの具体的な行動につな

業務振り返りのポイント

1. 目標に対する結果はどうか？
- 定量的に比較

2. 実施事項は予定通り行ったか？
- 実施内容、実施時期は？

3. うまくできたことは？

4. うまくできなかったことは？
その原因は？
- 目的や目標は妥当だったか？
- 手順にモレ・抜けはなかったか？
- 必要なものにモレ・抜けはなかったか？（情報、ツール、人の能力など）
- 判断基準は妥当だったか？

5. 次回の課題は？

6. 標準化しておくことは？
- うまくいったこと
- 再発防止したいこと

図 5.13　業務振り返りのポイント

げていく」という本当に重要なパートです。「凡事こそ徹底していこう」と昔の上司には口酸っぱく言われ続けましたが、今になってみると、本当にありがたく思います。ここにある業務振り返りのポイントが、呼吸をするように実行できるメンバーを育成できるよう、わたしたちも頑張っていきたいです。

6 標準化と横展をするときのツール

⑬　標準化と横展のポイント（図 5.14　種類：ポイント）

トヨタ用語で、「標準」とは、現時点で品質・コストなどの面から最善とされる各作業のやり方や条件のことをいい、改善で常に進化させていくことが前提です。「横展」とは、横展開の略で、ある職場で成功した対策などを関係部

標準化と横展のポイント

【標準化】

1. 標準を使う人は誰か？
- 標準を使う人の経験に合わせて標準化の内容を検討
- 経験の浅い人：詳細に記述　経験の深い人：ポイントを絞って記述

2. 何を残しておくか？
- あなたが初めてこの仕事を引き継がれたとしたら、何を残しておいてほしかったか？
- 次に担当する人の経験を考慮すると、何を残しておけばよいか？

3. どのように残しておくか？
- 今回作成した資料、手順、チェックリストなどどのような形態で残すか？
- どこまで詳細に記述するか？
- 確実に手順を行えるように、手順の内容や判断基準を定量的に示すことも重要

4. どのように伝えるか？
- 勉強会、引継ぎ説明、資料保管などどのような方法で伝えるか？
- 訓練は必要か？必要ならどのように行うか？

【横展】

1. どの業務に横展するか？
- 今回の知見や技術、ノウハウが活かせる他業務は？（類似業務など）

2. 何（どの部分）を活かすか？
- どのような知見、技術、ノウハウを活かすか？

3. どのように伝えるか？
- 勉強会、説明、資料保管などどのような方法で伝えるか？

図 5.14　標準化と横展のポイント

署などに展開していくことをいいます。特に、「横展」は、成果を一人占めしたりするのではなく、よいものができたら「標準化」して、どんどん他部署にオープンにしていくことで、会社全体としての大きな成果につながっていきます。この「標準化」と「横展」は、職場を強くしていくためには不可欠な要素です。

7 その他のツール

⑭　機械設計検討メモ（図5.15　種類：メモ（テンプレート））

機械設計業務のための特別なテンプレートです。

機械設計検討メモ

作成年月日

作成者

1. 設計対象（部品・ユニット・設備名）

2. 機能

(1)今回設計することになった経緯・背景は？

(2)今回の設計対象はどこで使われるのか？（車種、国内、海外など）

(3)今回の設計対象に求められる機能（目的）は？

3. 目標値と納期（ゴール）

(1)今回の設計対象の目標値は？（性能、寿命、大きさ、質量、コスト、環境性能、組付け性、サービス性など）

(2)納期はいつか？

4. 制約条件・前提条件

(1)コスト、寿命、大きさ、環境性能、量産設備などの制約条件、前提条件は何か？

5. 同類・類似の部品・ユニット・設備の過去の不具合（通称：過去トラ）

(1)同類・類似の部品・ユニット・設備において品質、大きさ、質量、コスト、環境性能、組付け性、サービス性、量産性など、過去にどのような不具合があったのか？

図5.15　機械設計検討メモ

6. 変化点・変更点と想定される影響

(1)従来のものに対してどのような変化点・変更点があるのか？

(2)それらはどのような影響があるのか？(目標値への影響、不具合の可能性など)

7. ベンチマーキング

(1)設計するにあたって、参考になりそうなものは何か？(他社、自社)

(2)何を参考にしたいのか？何が参考になりそうか？

8. 設計方針(基本的な考え方)

(1)2～7項を踏まえてどのような方針で設計するのか？(設計時に特に重視すること)

9. 解決すべき課題・問題と解決策

(1)それぞれの目標値を達成するためには、どのような課題・問題があるのか？(複数列挙)

(2)それぞれにどのような解決策が考えられるか？(解決策の根拠を含む)

10. アウトプットイメージ(ポンチ絵)

(1)どのような構造にしたいのか？(ポンチ絵)

11. 設計手順

(1)どの順番で設計していくのか？

12. 特に考慮すべき要件

(1)詳細設計時(図面を書くなど)に特に考慮すべき要件は何か？(周辺の部品からの制約条件など)

13. 関係部署、関係会社

(1)協力をもらう、連携をするなど、関連する部署・会社はどこか？

14. 主要なリスクと対応

(1)今回の設計をするに際してどのようなリスクがあるか？(過去の失敗、類似の業務での失敗、前回からの変化点から予測されるリスク、進めていく途中で起こりそうなリスクなど) それぞれのリスクにどのように対応するか？

15. 効率化・原価低減・工数削減

(1)これまでや通常の方法と比較して効率化・原価低減・工数削減できるところはないか？

図 5.15　つづき 1

16. その他

(1)その他の気になることは？

17. 主な実施事項とスケジュール(大日程)

(1)主な実施事項とスケジュールは？　例：企画、構想、設計、デザインレビュー、試作、評価、設計変更など

図 5.15　つづき 2

⑮　工程設計検討メモ(図 5.16　種類：メモ(テンプレート))

工程設計業務のための特別なテンプレートです。

工程設計検討メモ

作成年月日

作成者

1. 工程設計対象（工程名）

2. 製造品

(1)　今回製造することになった経緯・背景は？

(2)　今回の製造品はどこで使われるのか？（車種、国内、海外など）

(3)　今回の製造品に求められる機能（目的）は？

3. 目標値と納期（ゴール）

(1)　今回の製造品の目標値は？（性能、寿命、大きさ、質量、コスト、環境性能、組付け性、サービス性など）

(2)　立ち上がり（ラインオフ）時期はいつか？

(3)　今回の工程の目標値は？（納期、製品品質、生産能力、サイクルタイム、可動率、スペース、投資額など）

4. 制約条件・前提条件

(1)　環境負荷、新設/既設改造、スペースなどの制約条件、前提条件は何か？

5. 同類・類似工程の過去の不具合（通称：過去トラ）

図 5.16　工程設計検討メモ

(1)　同類・類似工程において製品品質、生産能力、サイクルタイム、可動率、スペース、投資額など、過去にどのような不具合があったのか？

6. 変化点・変更点と想定される影響

(1)　従来の製品・工程に対してどのような変化点・変更点があるのか？

(2)　それらはどのような影響があるのか？（目標値への影響、不具合の可能性など）

7. ベンチマーキング

(1)　工程設計するにあたって、参考になりそうなものは何か？（他社、自社）

(2)　何を参考にしたいのか？何が参考になりそうか？

8. 工程設計方針（基本的な考え方）

(1)　2～7項を踏まえてどのような方針で設計するのか？（工程設計時に特に重視すること）

9. 解決すべき課題・問題と解決策

(1)　それぞれの目標値を達成するためには、どのような課題・問題があるのか？（複数列挙）

(2)　それぞれにどのような解決策が考えられるか？（解決策の根拠を含む）

10. アウトプットイメージ（ポンチ絵）

(1)　どのような工程にしたいのか？（ポンチ絵）

11. 関係部署、関係会社

(1)　協力をもらう、連携をするなど、関連する部署・会社はどこか？

12. 主要なリスクと対応

(1)　今回の工程設計をするに際してどのようなリスクがあるか？（過去の失敗、類似の業務での失敗、前回からの変化点から予測されるリスク、進めていく途中で起こりそうなリスクなど）
それぞれのリスクにどのように対応するか？

13. 効率化・原価低減・工数削減

(1)　これまでや通常の方法と比較して効率化・原価低減・工数削減できるところはないか？

図 5.16　つづき 1

14. その他

(1)　その他の気になることは？

15. 主な実施事項とスケジュール（大日程）

(1)　主な実施事項とスケジュールは？　例：企画・構想、工程設計、デザインレビュー、トライ、工程整備、評価、改良など

図 5.16　つづき 2

⑯　IT システム設計検討メモ（図 5.17　種類：メモ（テンプレート））

IT システム設計業務のための特別なテンプレートです。

IT システム設計検討メモ

作成年月日

作成者

1. 設計対象（システム名）

2. 機能

(1)　今回設計することになった経緯・背景は？

(2)　今回のシステムはどこで使われるのか？（使用場所、国内、海外など）

(3)　今回のシステムに求められる機能（目的）は？

(4)　具体的な使用シーンは？

（誰が、何のために、いつ、どこで、どのように本システムを使用するのか？）

3. 目標値と納期（ゴール）

(1)　本システムを導入することで結果として得たいゴールは？（状態・指標・目標値）

(2)　今回の設計対象の目標値は？

①性能: レスポンスタイム・ターンアラウンドタイム・TPS（トランザクション毎秒）など

② RASIS: Reliability（信頼性）Availability（可用性）Serviceability

図 5.17　IT システム設計検討メモ

②RASIS: Reliability（信頼性）Availability（可用性）Serviceability（保守性：SLAを含む）Integrity（保全性）Security（安全性）

③コスト: 価格、工数（人ヶ月）、ランニングコスト（サーバー利用費など）など

（3）　納期はいつか？

4. 制約条件・前提条件

（1）　性能、コスト、SLAなどの制約条件、前提条件は何か？（使用言語を含む）

（2）　使用場所（将来を含む）を考慮した場合の制約条件、前提条件は何か？（海外展開など）

5. 同類・類似のシステムの過去の不具合（通称：過去トラ）

（1）　同類・類似のシステムにおいて性能・信頼性・コストなど、過去にどのような不具合があったのか？

6. 変化点・変更点と想定される影響

（1）　従来のものに対してどのような変化点・変更点があるのか？

（2）　それらはどのような影響があるのか？（目標値への影響、不具合の可能性など）

7. ベンチマーキング

（1）　設計するにあたって、参考になりそうなものは何か？（他社、自社）

（2）　何を参考にしたいのか？何が参考になりそうか？

8. 設計方針（基本的な考え方）

（1）　2～7項を踏まえてどのような方針で設計するのか？（目標の中で特に重視すること）

9. 解決すべき課題・問題と解決策

（1）　それぞれの目標値を達成するためには、どのような課題・問題があるのか？（複数列挙）

（2）　それぞれにどのような解決策が考えられるか？（解決策の根拠を含む）

10. アウトプットイメージ

（1）　どのようなシステム構成にしたいのか？（言語・ソフトウェア・ハードウェア構成など）

図5.17　つづき1

(2) どのような形で利用するのか？（画面のイメージ図・利用している状態図など）

11. 設計・開発手順

(1) どのような手法で設計・開発していくのか？

ウォーターフォール型・アジャイル型（プロトタイプモデルを含む）など

(2) (1) で選択した手法の詳細手順は？

ウォーターフォール型：共通フレーム、アジャイル型：イテレーション・スクラムの計画など

12. 特に考慮すべき要件

(1) 詳細設計時（仕様書を書く時など）に特に考慮すべき要件は何か？（制約条件など）

13. 関係部署、関係会社

(1) 協力・連携・委託をするなど、関連する部署・会社はどこか？

14. 主要なリスクと対応

(1) 今回の工程設計をするに際してどのようなリスクがあるか？（過去の失敗、類似の業務での失敗、前回からの変化点から予測されるリスク、進めていく途中で起こりそうなリスクなど）

それぞれのリスクにどのように対応するか？

15. 効率化・原価低減・工数削減

(1) これまでや通常の方法と比較して効率化・原価低減・工数削減できるところはないか？

16. その他

(1) その他の気になることは？（DB の存在場所：リージョンリスクなど）

17. 主な実施事項とスケジュール（大日程）

(1) 主な実施事項とスケジュールは？（11. で選択した手法に沿って整理）

図 5.17 つづき 2

⑰ 材料設計検討メモ（図 5.18 種類：メモ（テンプレート））

材料設計業務のための特別なテンプレートです。

材料設計検討メモ

作成年月日

作成者

1. 設計対象材料

2. 機能

（1） 今回設計することになった経緯・背景は？

（2） 今回の材料は何に使われるのか？（今回の材料が使用される部品、ユニット、設備など）

（3） それはどこで使われるのか？（車種、国内、海外など）

（4） 今回の材料が使用される部品、ユニット、設備などに求められる機能（目的）は？

（5） 今回の設計対象材料に求められる機能（目的）は？

（6） 今回の開発の区分は？

●フェーズ：基礎研究、量産を見据えた開発、量産など

●開発難易度：新規開発、既存材料の改良など

3. 目標値と納期（ゴール）

（1） 今回の設計対象材料の目標値は？

（品質特性、質量、強度、寿命、成形性、加工性、環境性、リサイクル性、外観、コストなど）

（2） 納期はいつか？

4. 制約条件・前提条件

（1） 量産設備、生産場所などの制約条件、前提条件は何か？

5. 同類・類似の材料の過去の不具合（通称：過去トラ）

（1） 同類・類似の材料において品質特性、質量、強度、寿命、成形性、加工性、

図 5.18 材料設計検討メモ

環境性、リサイクル性、外観、コスト、量産性など、過去にどのような不具合があったのか？

6. 変化点・変更点と想定される影響

(1)　従来のものに対してどのような変化点・変更点があるのか？

(2)　それらはどのような影響があるのか？（目標値への影響、不具合の可能性など）

7. ベンチマーキング

(1)　設計するにあたって、参考になりそうなものは何か？（他社、自社）

(2)　何を参考にしたいのか？何が参考になりそうか？

8. 設計方針（基本的な考え方）

(1)　2～7項を踏まえてどのような方針で設計するのか？（設計時に特に重視すること）

9. 解決すべき課題・問題と解決策

(1)　それぞれの目標値を達成するためには、どのような課題・問題があるのか？（複数列挙）

(2)　それぞれにどのような解決策が考えられるか？（解決策の根拠を含む）

10. アウトプットイメージ（ポンチ絵）

(1)　どのような構成・構造にしたいのか？（ポンチ絵）

11. 設計手順

(1)　どの順番で設計していくのか？

12. 特に考慮すべき要件

(1)　詳細設計時（材料仕様書を書くなど）に特に考慮すべき要件は何か？（周辺の部品からの制約条件・影響など）

13. 評価方法

(1)　評価方法を検討する際に考えておくべき要件は何か？（測定精度、リードタイム、コストなど）

(2)　どのような評価方法が考えられるか？（複数列挙）

(3)　複数の評価方法をどのように比較するか？

図5.18　つづき1

14. 関係部署、関係会社

（1）　協力をもらう、連携をするなど、関連する部署・会社はどこか？

15. 主要なリスクと対応

（1）　今回の設計をするに際してどのようなリスクがあるか？（過去の失敗、類似の業務での失敗、前回からの変化点から予測されるリスク、進めていく途中で起こりそうなリスクなど）

それぞれのリスクにどのように対応するか？

16. 効率化・原価低減・工数削減

（1）　これまでの開発方法と比較して効率化・原価低減・工数削減できるところはないか？

17. その他

（1）　その他の気になることは？

18. 主な実施事項とスケジュール（大日程）

（1）　主な実施事項とスケジュールは？　例：企画、構想、設計、デザインレビュー、試作、評価、設計変更など

図 5.18　つづき 2

⑱　アンケート設計のポイント（図 5.19　種類：ポイント）

アンケート作成については、目的や結果の活用イメージなどを上司とメンバーでしっかり共有しておかないと、大失敗してしまうケースが結構あります。また、こうしたことが共有できていたとしても、質問内容の言葉のニュアンスや質問形式によって、アンケート結果も大きく左右されます。特に、「7. 事前トライアル」を小さな範囲で実施することをお勧めします。

アンケート設計のポイント

1.　目的は？
- 何のためにアンケートを行うのかを明確にする

2.　アンケート結果の活用イメージは？
- **「何のために、いつ、どこで、誰が（活用する人）、どのように」**アンケート結果を活用するのか？
- 活用する人ごとに活用イメージを具体的に整理する

3.　知りたい内容は？
- 目的や活用イメージをふまえて、アンケートから何を知りたいのか？

4.　仮説の設定と検証に必要な情報は？
- どのような仮説が考えられるか？
- 仮説を検証するためには、どのような方法が適切か？ どのような情報が必要か？
  【役立つツール】
  「仮説の設定と検証のポイント」

5.　設問案は？
- 「知りたい内容」「仮説と検証に必要な情報」をもとに、具体的な設問を作成
- 回答者による解釈の違いをなくすために、できるだけ具体的な設問とする
- 段階評価の数（例：全くない～大変ある）
  ・「どちらでもない」を入れたい場合：５段階評価
  ・「どちらでもない」を入れたくない場合：６段階評価
- 経年変化などを知りたい場合は設問の表現は変えない。敢えて変える場合はあくまで参考だと捉える

6.　集計と分析方法は？
- 「知りたい内容を知る」「仮説を検証する」のためには、どのような集計・分析方法が良いか？

7.　事前トライアル
- 小さな範囲でトライアル
- 回答者が設問に答えやすいか？正しく答えられるか？
- 集計・分析は計画通りに行えるか？

8.　設問の見直し
- トライアル結果をふまえて設問を見直す

9.　アンケートの実施

図 5.19　アンケート設計のポイント

⑲　実行計画（図 5.20　種類：メモ（テンプレート））

(1)　ツールの概要

「⑥工程表」の簡易バージョンです。こちらのシートで、カジュアルな感じでサラサラ書いてみて、上司とメンバーで実行計画イメージを共有するのも、いいアイデアだと思います。

(2)　ツール使用上のポイント

記入にあたっての留意点は、以下のとおりです。

- 大まかな手順：全体を俯瞰して見たときに、大きいくくりでの実施事項を記入していきます。
- アウトプット：大まかな手順ごとに、具体的なアウトプット（作成物）を記入します。

実行計画（スケジュール）　　部署・氏名

<table>
<tr><td>テーマ</td><td colspan="3">目的</td><td>目標</td></tr>
<tr><td rowspan="2">大まかな手順</td><td rowspan="2">アウトプット</td><td colspan="2">詳細手順</td><td rowspan="2">完了基準
（セルフチェック基準）</td></tr>
<tr><td>担当</td><td>日程</td></tr>
<tr><td></td><td></td><td></td><td></td><td></td></tr>
<tr><td></td><td></td><td></td><td></td><td></td></tr>
<tr><td></td><td></td><td></td><td></td><td></td></tr>
<tr><td></td><td></td><td></td><td></td><td></td></tr>
<tr><td></td><td></td><td></td><td></td><td></td></tr>
<tr><td colspan="3">必要なモノ・情報・人の能力</td><td colspan="2">リスクと対応</td></tr>
</table>

図 5.20　実行計画

- 日程：大まかな手順ごとに、いつ何をすればよいのかを記入していきます。「課題への対応と障害への対策を織り込んでいるか」、「目標から見て抜け漏れはないか」もチェックします。
- 完了基準：「これでよし」と自信をもって次の手順に移ることができるための基準を記入します。
- リスクと対応：どのようなリスクが想定され、あらかじめどのような対策を打っておくのかを記入します。

5.3 「仕事の進めカタ」ツールを職場に導入するための虎の巻

(1) 上司としてツールを導入したいとき

1) 「仕事の進めカタ」を使うというメッセージをメンバーに強く伝える

- 「なぜ、やるのか？」ということを自分の言葉できちんと伝えるのが最重要です。
- 次に、「何をやるのか？」、「どうやるのか？」を具体的に説明してください。
- メンバーのメリットを伝えることが忘れがちになるので、
  「結果的に業務がスピードアップすること」
  「一人ひとりの成長につながること」
  「周囲からのサポートも受けやすく助け合いにつながること」
  などを職場の具体例を使って説明すると効果的です。
- 最後に、「ぜひ、みなさんと一緒にやりたいよ～」の一言を！

2) 小さく始めて、徐々に拡げていく

- まずは、協力してくれそうなメンバーがいるチームや、小さな仕事のくくりで始めてみます。
- 3週間ほど使ってみて、効果を確認し、必要に応じて使い方を改善してい

きます。

- 使ってくれたメンバーに感謝を伝え続けることが重要です。「このツールを使ってくれてありがとう(^^)/」と毎回伝えると、次もツールを使ってもらえる可能性が高くなります。

(2) メンバーとして職場に導入したいとき

1) 職場の仲間(同世代など)と相談し、「仕事の進めカタ」ツールを使っていきたいということを上司に提案する

「講演を聞いたので情報をシェアします」、「この本を読んで面白そうだと思いました」など、前向きな提案として、メンバーと一緒に上司にアプローチするとよいでしょう。

このとき、なぜやりたいのかをしっかり伝えます。例えば、「もっといい仕事をして、成長したい」など、上司目線で受け容れてもらえそうな表現を使ってみるのが有効です。

2) 業務の報連相、1 on 1 ミーティングなどの場で、「仕事の進めカタ」ツールを使って、上司と相談してアドバイスをもらう

実は上司も、「1 on 1 で何を話したらいいか」を悩んでいます。ですので、積極的に話題づくりをしてしまうのがお勧めです。

3) どうしても上司の理解が得られないときには、理解をしてもらえそうな仲間や他の上司に相談してみる

隣の上司が新しい取組みを始めることに、世の中の上司たちは敏感です。まずは、自分の半径５メートル以内の仲間づくりを進め、理解者を増やしていくことで、自分の上司が自然と関心を持ってしまうように進めていくやり方もありです。

5.4 「仕事の進めカタ」ツールについての Q&A

今まで「仕事の進めカタ」を導入するためのセミナーや勉強会を開催してきましたが、その際に出た質問をいくつか紹介します。

Q1： 「多すぎて、すべての業務にこんなことをイチイチやってられないよ。」という上司の心の声が聞こえてきそうです。現実の職場は、突発業務に追われているし、やりたいけど、時間がない。上司も首が回っていない。全部できない。メンバーにやらされ感が残る取組みはしたくないのですが、何かよい知恵があれば教えてほしいです。

A1： シート１枚を書くのは、30 分～60 分でやれると思います。ある優先業務をやってみて、皆でいい体験をして、広げていくことが大切です。やり直しになることが多い人や、うまくいっていない業務を取り出してみてもいいかもしれません。「急がば回れ」という精神で、まずは、小さな単位でいいので、効果を実感していただけるといいかと思います。

「小さく、少しずつ、協力してくれそうなメンバーから」というイメージです。ある会社で新入社員全員にシートを使って書かせてみたところ、ほとんど記入でき、職場の先輩たちも少しビックリしたそうです。こういった感じで少しだけ試しながら使ってみるといいと思います。

Q2： 何か新しい提案をするたびに、上司のリアクションが薄くて、自信がなくなっていく自分がいます。何かいい手はあるのでしょうか？

A2： そもそもリアクションが薄い人はいるものです。特に新提案の場合、その上司にメリットがないと、まず動きません。「⑨報告・プレゼンテーションストーリー検討メモ」に基づいて提案ストーリーを作り、相手の関心にヒットするような話し方をしていくといいと思います。しっかり書く必要はありません。これでも反応が薄ければ、もう一度、仕切り直せばいいだけです。

Q3：ツールがたくさんありすぎて困ってしまう。あと、ツールの内容も細かすぎたりするものもあって、使いづらい印象だが、どうしたらよいか？

A3：確かにツールはたくさんあると思います。職場ごとに必要なツールは違うと思うので、必要なときに必要なツールを必要なだけ使ってください。ツールの内容も、職場の状況に合わせて、足らなければ追加したり、多すぎるなら削ってもらったりしながら使ってほしいと思っています。

あと、「こんな風に使ってみた」とか、「こんな項目を追加してみた」など、いろいろとコメントをいただけるとうれしいです。「こんなツールを作ってほしい」とかでもいいです。本当に、使えるものだけ使っていただければ OK です。常にバージョンアップしていきますので、よろしくお願いします。

Q4：他社のマネジメントのみなさんの生の声があれば、ぜひ、参考にしたいので教えてほしいです。

A4：代表的なコメント（主に課長クラスの方です）は次のような感じです。

- 「仕事の成果は、「仕事の進めカタ」とモチベーションで決まる。モチベーションは、「ものの言いカタ」で決まる」との説明が目から鱗だった。どんなに目的や目標、プロセスが正しく、明確なものであっても、仕事の動機づけの仕方・「ものの言いカタ」次第で部下のモチベーションを下げてしまえば、いい仕事・いいアウトプットはできないと思う。

  モチベーションを向上させる指導のあり方について今一度マネジメントは立ち止まって考えるべきだとの思いを新たにした。
- 「役立つ点は、研修内容が実践を想定していることです（通常の研修は、概念は教えてもらえるが、具体的にどう役立てていくかがないことが多い）。上司と共有したいのは、「プロジェクト・業務企画メモ」。

理由は上司、先輩も資料作成時に役立つ資料だと思うからです。

- 「チーム活動における業務推進時、みんなの意見を定例でまとめながら推進しているが、どうしても上司に想いを理解いただけないときが多い。自分たちが何をしたいのか、上司に何をしてもらいたいのか、を伝えきれていないのだとわかってはいるが、チームのみんなにそれを理解させきれていなかった。今回、「伝える」、「人を動かす」手立てを学ぶことができたので、職場で即実践できそうです。まずはトライからですが、今日から実践してみます」。

5.5　ツールをアップデートするのはみなさん

「「2つのカタ」がめざしている世界観はどのようなものですか？」という質問をよく受けます。

その答えは、誤解を恐れずにいえば、**第1章・第2章**で述べた「学習する職場」です。「学習する職場」では、その職場の全員が、高い目標に向かって、それぞれの個性を発揮しています。心理的安全性も高く、お互いが話しやすく、助け合い、自ら挑戦し、新しいものをドンドン受け入れていきます。当然、職場としてのアウトプットも高く、離職率も低い状態になり、幸せを感じます。

一方で、ツールの副作用も考えなくてはいけません。ややもすれば、「考える視点や手順が書かれたものがないと仕事ができない人財ができてしまう」ということにもなりかねません。そうならないためには、あるタイミングで自らツールを改良していき、新しいバージョンを作っていくことが大切になってきます。この見本として、本書では、その他で示した設計業務バージョンや生産技術の工程設計バージョンなどを入れてみました。「守破離」という言葉がありますが、みなさんには、「2つのカタ」を使えるようになったら、そこから一歩抜け出して、最終的には新しいバージョンを作る側に回っていただき、独自の新しい「カタ」を生み出し確立する段階＝「離」にぜひ到達していただきたいと思っています。

【藤原教授のひと休みコラム5】

拝啓「仕事の進めカタ」をアレンジしてみました

トヨタの心理的安全性推進メンバーの一人に安藤めぐみさんという方がいます。安藤さんは、「職場の心理的安全性を高めるためには、マネジメント層だけではなく、メンバー一人ひとりも十分なコミュニケーション能力をもつことが大事」ということを社内で職場に伝えています。このコラムでは、安藤さんからのメールの一部をそのまま掲載します。皆さんには、安藤さんの「仕事の進めカタ」ツールのアレンジ方法をぜひ参考にしていただき、まずは実践の「小さな第一歩」を踏み出してほしいと思っています。

＊＊＊＊＊＊＊＊＊＊＊＊＊＊＊＊＊＊＊＊＊＊＊＊＊＊＊＊＊＊＊＊＊

藤原さん、ご無沙汰しております。(中略)

先日、メンバー向けに「1 on 1 用の伝え方・聴く力を磨く」という研修を実施しました。その時に活用したのが「仕事の進めカタ」ツールの「②プロジェクト・業務企画メモ」です。メンバーが、まずは使ってみようという気持ちになってもらえるよう、15 項目から 4 項目に絞り込み、再整理しました。こうして完成したのが、1 on 1 の「事前準備と事後の振り返りシート」です(図 5.21)。

このシートを使って研修を実施したところ、受講者からは、「1 on 1 で想いを伝えるために必要な事前準備が具体的にわかった」、「コミュニケーションが円滑になって、業務も人間関係がよりいい感じで進みそう」、「早速、1 on 1 の際に活用しようと思います」などの生声をいただき、大変好評のうちに終了しました。

藤原さんの「仕事の進めカタ」は、職場状況や目的に合わせてアレンジしていくと、さらに役に立つツールになりそうですね。今回は、いろいろ

項目	例	記入欄
①自分について	・経歴・価値観・強み・やりがい ・現状の役割 ・将来やってみたいこと ・困りごと、職場への問題意識　など	
②相手について	・経歴・役割・関心・想い・問題意識 など	
③今日、一番伝えたいこと・聴きたいこと		
④面談を終えての気づき、上司からのコメント、次の行動など（振り返り）		

図 5.21　事前準備と事後の振り返りシート

なアドバイスをいただき、本当にありがとうございました。これからも何卒よろしくお願いいたします。

以上

＊＊＊＊＊＊＊＊＊＊＊＊＊＊＊＊＊＊＊＊＊＊＊＊＊＊＊＊＊＊＊＊＊

おわりに

トヨタ自動車の島田と申します。本書の「2つのカタ」は、何度も試行と実践を繰り返しながら、名古屋工業大学の藤原教授との二人三脚でつくってきた「1つの作品」です。こうした「2つのカタ」へのわたしの愛着を一番近くで感じてくれていた藤原教授。いつもながらのさりげない優しさで、「「おわりに」を書いていただけませんか？」というお誘いを受け、今、こうしてキーボードをたたいています。

わたしが、ここ数年で一番感じていることは、「人と人がつながる」って、本当にステキなことだなあ、ということです。このような場を与えていただいた藤原教授はもちろんのこと、明治大学大学院の野田教授や株式会社 ZEN-Tech の石井さん、株式会社 EQ の高山さん、ダイハツ工業株式会社の住本さん、そして、社内外の心理的安全性ワーキングメンバーの皆さん。こうしたすべての方との出会いとつながりがあってこそ、今の心理的安全性の取組みを進めることができていると実感しています。

先日、木村情報技術株式会社の古川さんと瀧下さんからとてもわかりやすいたとえを教えていただきました。「職場風土改革のイメージは、小学校のプールの中での渦巻づくり。子供たちが同じ方向にゆっくり歩いていくと、最初は少しずつ流れが出てきて、次第に流れが強まり、最後には大きな渦巻みたいになるんです。こんな感じでわたしたちの働き方改革も進みました。」という内容です。すごく勇気づけられました。まっすぐに真正面から職場に向き合い、少しずつでもいいので、共感する仲間を増やしていくことで、「2つのカタ」の渦巻や心理的安全性の渦巻が局所的次々に発生し、最後には、日本全国規模でひとつの大きな渦巻にまとまっていくといいなあ、と想像しています。

現場のリーダーの一人として、これからも心理的安全性の高い職場の実現をめざして努力していきます。本書がきっかけとなり、さまざまな業界で心理的安全性に取り組み、悩まれているみなさまとも繋がっていければ、こんなに嬉しいことはありません。本書をまとめていただきました藤原教授をはじめ、出版にご尽力いただきましたすべての関係者の皆様に心より感謝申し上げます。

2023年11月

トヨタ自動車株式会社　デジタル変革推進室

島田　悟

引用・参考文献

[1]　石井遼介：『心理的安全性のつくりかた』、日本能率協会マネジメントセンター、2020 年

[2]　原田将嗣：『心理的安全性をつくる言葉 55』、飛鳥新社、2022 年

[3]　エイミー・C・エドモンドソン：『恐れのない組織』、英治出版、2021 年

[4]　伊達洋駆：『60 分でわかる！　心理的安全性超入門』、技術評論社、2023 年

[5]　OJT ソリューションズ ：『トヨタ　仕事の基本大全』、KADOKAWA、2015 年

[6]　OJT ソリューションズ ：『トヨタ　リーダー 1 年目の教科書』、KADOKAWA、2022 年

[7]　金間大介：『いい子症候群の若者たち』、東洋経済新報社、 2022 年

[8]　平鍋健児、野中郁次郎、及部敬雄：『アジャイル開発とスクラム　第 2 版』、翔泳社、2021 年

[9]　西村直人、永瀬美穂、吉羽龍太郎：『SCRAM BOOT CAMP THE BOOK』、翔泳社、2020 年

[10]　ピョートル・フェリクス・グジバチ：『心理的安全性最強の教科書』、東洋経済新報社、2023 年

[11]　ドゥエナ・ブロムストロム：『心理的安全性とアジャイル』、翔泳社、2022 年

[12]　田中弦：『心理的安全性を高めるリーダーの声かけベスト 100』、ダイヤモンド社、2022 年

[13]　ピーター・M・センゲ：『最強組織の法則』、徳間書店、1995 年

[14]　大野耐一：『トヨタ生産方式』、ダイヤモンド社、1978 年

[15]　大野耐一：『大野耐一の現場経営』、日本能率協会マネジメントセンター、2001 年

[16]　トヨタ自動車：「トヨタイムズ」
https://toyotatimes.jp/　(2023 年 10 月 26 日閲覧)

[17]　トヨタイムズ編集部：『トヨタイムズ magazine 2020』、世界文化社、2021 年

[18]　佐々木眞一：『トヨタの自工程完結』、ダイヤモンド社、2015 年

[19]　阿部修平：『トヨタ「家元組織」革命』、リンクタイズ、2022 年

[20]　片山修：『豊田章男』、東洋経済新報社、2020 年

索　　引

【た　行】

【な　行】

【は　行】

【ま　行】

【や　行】

【ら　行】

著者紹介

藤原 愼太郎(ふじはら　しんたろう)

1959 年生まれ。

名古屋工業大学創造工学教育推進センター特任教授。一般社団法人中部品質管理協会講師、株式会社トヨタエンタプライズ講師、林テレンプ株式会社人事部アドバイザー。

1982 年名古屋工業大学金属工学科卒業、トヨタ自動車株式会社に入社。生産工場、生産技術、TQM 推進に携わり、2018 年 8 月より現職。

主な著書に、『医師として知っておくべき医療の質向上と患者安全の鉄則 35 の訓え』(監訳、丸善出版、2022 年)がある。

トヨタ流 DX を支える心理的安全性と
仕事のスピードアップを実現する 2 つのカタ
若手に響く「ものの言いカタ」と「仕事の進めカタ」

2023 年 12 月 25 日　第 1 刷発行

著　者　藤原愼太郎
発行人　戸羽節文

検印
省略

発行所　株式会社 日科技連出版社
〒151-0051　東京都渋谷区千駄ヶ谷5-15-5
DS ビル
電話　出版　03-5379-1244
営業　03-5379-1238

印刷・製本　港北メディアサービス㈱

Printed in Japan

ISBN 978-4-8171-9789-4
URL https://www.juse-p.co.jp/